Tartufferie et misanthropie économique

Alain Laraby

Tartufferie et misanthropie économique

UP' ÉDITIONS

ISBN:
ISBN-13:

Depuis des siècles, la France hésite à être de plain-pied dans l'économie. Beaucoup de pays sont passés d'une société statutaire à une société contractuelle. Le nôtre à demi.

Cet écrit étonnera ceux qui prisent la politique et scandalisera ceux qui en vivent. Quelques-uns en riront, d'autres mettront en doute sa bonne foi et critiqueront son exagération. – Votre portrait de la France est biaisé ! – Par définition, un point de vue ne peut être que particulier, mais il est le fruit de plus de rencontres que d'autres. N'en sont

5

retenues que certaines pour composer non un traité (qui serait pour le coup déplacé) mais une série d'anecdotes dont l'auteur ne fut que le spectateur accidentel et rebelle pour reprendre cette belle expression.

Pour ceux et celles qui aiment l'analyse, des annexes les attendent, figures à l'appui. – Avec des maths ? comment est-ce possible ! - Des recommandations sont commentées sans illusion, mais la météo, jusqu'ici désastreuse, change. Les idées de réforme commencent à être ouïes par nos politiques. – Vous croyez, ils n'entendent pas vraiment ! - Un député de la majorité se refuse de ne jurer que par la solidarité. Il suggère que chacun, aussi modestes que soient ses moyens, paye un impôt citoyen. – Vous voulez dire que la minorité des contribuables cesserait d'en acquitter la charge qui est devenue pour elle insupportable ? Mon ami, vous rêvez ! - Un ancien garde des sceaux de la même majorité prône une refonte du code du travail. – Non ? Ses adulateurs, qui l'embrassent en pleurs, ne pourraient plus le considérer comme une icône ou un texte sacré ? Arrêtez, vous délirez ! - D'autres, enfin, souhaitent que le mandat du Président de la République redevienne un septennat sans que l'élu puisse se représenter. Le retour à cette tradition est un progrès, mais un mandat, renouvelable une fois, avec des compétences moindres, en serait un davantage. – Oh ! ne vous en faites pas, ce n'est pas pour demain ! – On bouge un peu, au bord du gouffre où risque de sombrer l'économie. Il faudrait faire quelques pas sur le côté pour éviter de ne pas y tomber. La juste saisie des faits, le fédéralisme à l'allemande et la reconnaissance de la liberté d'entreprendre sont l'itinéraire à suivre. – Quoi ! la France peut par-là s'en sortir ?

AL

Les Français aiment Molière comme les Anglais Shakespeare. Ils le vénèrent autant qu'ils s'enorgueillissent de Pascal et de Descartes bien qu'ils ne lisent que fort peu l'un et l'autre. Molière reste imprégné dans les mémoires, mais ces derniers ne sourient, voire n'éclatent de rire, qu'au vu des tics et des ridicules de l'Ancien régime. Comme si la critique des mœurs s'arrêtait à leur grande Révolution ! Ils ne voient pas – ou ne veulent pas voir – que l'ironie, l'humour de Molière, porte davantage sur les vices du pouvoir politique qui emporte avec lui l'esprit courtisan - porté au centuple - mais aussi l'ignorance de la vie concrète et économique.

La tartufferie du pouvoir

Tartuffe met en scène un faux dévot qui ne cesse de prier et d'invoquer *les intérêts du Ciel*[1]. Sous le couvert de la religion, le personnage principal convoite, et la femme de l'hôte, et sa fortune. Au nom du Ciel où il entend se placer, il se réjouit de pouvoir s'approprier les intérêts bien matériels de ses contemporains. *Tartuffe* est la comédie de l'imposture par excellence.

Comme l'écrit Molière dans *Dom Juan*, l'imposteur porte le masque du désintéressement. Son visage affiche l'abnégation de l'hermite. *C'est un stratagème utile, une grimace où je veux me contraindre*, avoue dom Juan à son serviteur qui en est tout étonné ou feint de l'être, tant son intérêt à lui est aussi de ne point laisser paraître. (Dans *Tartuffe*, la dupe se plaît à être trompée pour éviter de penser et d'être libre. Mieux vaut être crédule que d'affronter, seul, la réalité.)

L'imposture est double, voire triple, l'auditoire étant aussi mis dans la confidence. Tout le monde est averti. L'illusion est unanimement consentie. Que personne ne se plaigne d'être roulé dans la farine ! Et notre imposteur de poursuivre sur sa confession semi-publique :

Il n'y a plus de honte maintenant à cela : l'hypocrisie est un vice à la mode, et tous les vices à la mode passent pour vertus. Le personnage d'homme de bien est le meilleur de tous les personnages qu'on puisse jouer aujourd'hui, et la profession d'hypocrite a de merveilleux avantages. C'est un art de qui l'imposture est toujours respectée ; et quoiqu'on la découvre, on n'ose rien dire contre elle. Tous les autres vices des hommes sont exposés à la censure, et chacun a la liberté de les attaquer hautement ; mais l'hypocrisie est un vice privilégié, qui, de sa main, ferme la bouche à tout le monde, et jouit en repos d'une impunité souveraine[2].

Molière joue lui-même la comédie. Il décrit sous la comédie humaine la comédie du pouvoir. *On lie, à force de grimaces, une société étroite avec tous les gens du parti*, écrit-il. – Mais il ne s'agit, monsieur, que du parti dévot. Vous voyez trop dans Molière les pitreries actuelles ! - *Qui en choque un, se les jette tous sur les bras*, continue Molière. – Vous versez dans l'anachronisme. Vous croyez vraiment que sa critique s'étend aux « partis » d'aujourd'hui ?

Et ceux que l'on sait même agir de bonne foi là-dessus, et que chacun connaît pour être véritablement touchés, ceux-là, dis-je, sont toujours les dupes des autres ; ils donnent hautement dans le panneau des grimaciers et appuient aveuglément les singes de leurs actions.

– Ah, vous m'agacez en reprenant ainsi Molière. Vous allez fort ! À vous suivre, les politiques seraient tous pourris, et ceux qui les écoutent seraient des imbéciles ! Reconnaissez qu'il y a des hommes et femmes qui se lancent en politique en étant animés d'un esprit civique. J'admets que ce n'est qu'au début, mais il reste quelques maires, quelques députés, quelque Président (attendez, je cherche… Ah ! je vois à l'étranger un *Prime minister* pendant la guerre).

Combien crois-tu que j'en connaisse qui, par ce stratagème, ont rhabillé adroitement les désordres de leur jeunesse, qui se sont fait un bouclier du manteau [de la vie publique] et,

*sous cet habit respecté, ont la permission
d'être les plus méchants hommes du monde ?*

– Cessez de nous rebattre les oreilles avec
Molière ! Ce n'est pas drôle. Nous ne
sommes pas en Russie ou en Turquie. La
France a changé ! Il n'y a pas que de la
manigance chez nous !

*On a beau savoir leurs intrigues et les
connaître pour ce qu'ils sont, ils ne laissent
pas pour cela d'être en crédit parmi les gens ;
et quelques baissements de tête, un soupir
mortifié, et deux roulements d'yeux rajustent
dans le monde tout ce qu'ils peuvent faire.*

– Soit, mais si vous voulez une
transposition qui soit juste, vous devriez
décrire les serrements de mains, les tapes
sur l'épaule, les trémolos dans la voix, les
cheveux bien teints (ou presque), les
fausses larmes (avec le mouchoir pour), les

fausses reconnaissances et les noms qui reviennent comme par hasard : *Hé ! bonjour ! Monsieur du Corbeau, Que vous êtes joli, Que vous me semblez beau* (après avoir consulté la fiche de son directeur de com qui le suit).

C'est sous cet abri favorable que je veux me sauver, et mettre en sûreté mes affaires. Je ne quitterai point mes douces habitudes, mais j'aurai soin de me cacher et me divertirai à petit bruit. Que je viens à être découvert, je verrai, sans me remuer, prendre mes intérêts à toute la cabale, et je serai défendu par elle envers et contre tous.

– Arrêtez avec ce saltimbanque qui réduit notre sacerdoce à une affaire de faux-culs et de coalitions d'intérêt. Je m'attends à ce qu'il en rajoute pour nous accuser de calomnie publique !

Enfin, c'est là le vrai moyen de faire impunément tout ce que je voudrai. Je m'érigerai en censeur des actions d'autrui, jugerai mal de tout le monde, et n'aurai de bonne opinion que de moi. Dès qu'une fois on m'aura choqué un tant soit peu, je ne pardonnerai jamais et garderai bien doucement une haine irrévocable. Je ferai le vengeur des intérêts du [Peuple], et, sous ce prétexte commode, je pousserai mes ennemis, et les accuserai d'impiété, et saurai déchaîner contre eux des zélés indiscrets, qui, sans connaissance de cause, crieront en public contre eux, qui les accableront d'injures, et les damneront hautement de leur autorité privée. C'est ainsi qu'il faut profiter des faiblesses des hommes, et qu'un sage esprit s'accommode aux vices de son siècle.

Impiété. Traduisez : *non-respect de la chose publique. Vices de son siècle.* Entendez : *le nôtre en particulier.* - Quoi ! Vous ne croyez pas à la démocratie et à l'esprit critique qui la corrige ?

– Je réponds : Comment croire à la démocratie qui légalise la corruption des cumuls des mandats dans l'espace et le temps ? Le cumul des mandats multiplie les places où un seul peut s'assoir au motif qu'un mandat national donnerait du poids à un mandat local, et inversement. – Vous conviendrez, n'est-ce pas, que le cumul à strapontins multiples permet de nous libérer de la tutelle des partis. – Un peu, c'est vrai, mais à quoi sert le Sénat, si ce n'est à représenter le territoire ? Quant au même siège occupé pour la énième fois, la démocratie s'incline devant les fesses toutes choisies de l'aristocratie élective. La plupart des préposés du peuple font carrière en oubliant leur commettant. Ce sont de vieux chevaux de retour. Ils ne représentent plus qu'eux-mêmes. Ils occupent une sinécure et parlent au nom du peuple pour défendre leur rentrée d'argent. Bravo ! C'est bien joué. On vient les remercier. On les félicite. On leur demande des autographes. Ils en sont presque émus, ils y croient presque eux-mêmes, méprisant au fond d'eux-mêmes les électeurs qui les adulent et ne partagent pas leur table.

Comment croire également à la démocratie dans un pays où le pouvoir politique, qu'il soit d'un côté ou de l'autre, place ou récompense ses amis aux frais du contribuable ? Un tel est nommé au Conseil d'État, en ayant à peine fait des études de droit ou plaidé à la barre. Tel autre est nommé ambassadeur ou consul à l'étranger ne connaissant rien aux affaires extérieures. Ne vous en faites pas : il y a encore une ambassade à Paris auprès d'un organisme international, une participation dans une Commission inutile, une nomination au Conseil économique et social. La République française est célèbre pour la qualité de ses quatre-cent « fromages » !

On dira qu'il faut bien accorder à ces mendiants des retraites, mais les bénéficiaires de ces offices disposent déjà de retraites confortables. Quand on a été, en ce pays de France, député, maire et/ou conseiller général (ou régional), député et/ou sénateur, Président de l'Assemblée nationale ou du Sénat (pendant plusieurs législatures), ministre de et de, Premier ministre, on reçoit un montant de retraite plus de vingt fois celui d'un retraité moyen. Il faut être socialiste ou se dire proche du peuple pour ne pas se sentir gêné. L'idéologie ne tue pas, sauf ceux qui n'y collent pas. Quand on fut, à droite, Président de la République, qu'on reçoit, en sus de sa retraite, des émoluments du Conseil constitutionnel, que l'on accepte, sans sourciller, un appartement de fonction, vaste et luxueux, une secrétaire, des conseillers, des officiers de sécurité, une voiture avec chauffeur, les sommes allouées dépassent largement les services rendus. N'est pas Cincinnatus qui veut sous une République aux antipodes de la romaine ! À part le général de Gaulle, peu aiment revenir à la charrue. La corruption a atteint la tête de l'État jusqu'au bas, alors que le pays s'honore d'être un modèle de gouvernance dans le monde.

- Est-ce tout !

– Non, je vous conseille pour finir de revenir à Molière en continuant de faire les changements nécessaires. Les faux dévots courent toujours sous le couvert de la vraie religion, mais les politiques de tous bords n'en font pas moins preuve de fausse dévotion à la cause républicaine. Beaucoup d'entre eux s'efforcent d'*attraper les hommes avec un zèle contrefait et une charité sophistique*[3]. Sans doute la démocratie ne peut-elle corriger tous les vices des hommes publics, mais la comédie de *Tartuffe*, écrit sous la monarchie absolue, contribue encore à assurer notre salut pour peu que chacun veuille défendre, et la comédie et la démocratie, sous ce rapport :

Les marquis, les précieuses, les cocus et les médecins, ont souffert doucement qu'on les ait représentés, et ils ont fait semblant de se divertir, avec tout le monde, des peintures que l'on a faites d'eux ; mais les hypocrites n'ont point entendu raillerie ; ils se sont effarouchés [immédiatement], et ont trouvé étrange que j'eusse la hardiesse de jouer leurs grimaces et de vouloir décrier un métier dont tant d'honnêtes gens se mêlent. C'est un crime qu'ils ne sauraient me pardonner ; et ils se sont tous armés contre ma comédie avec une fureur épouvantable. Ils n'ont eu garde de l'attraper par le côté qui les a blessés : ils sont trop politiques pour cela, et savent trop bien vivre pour découvrir le fond de leur âme. Suivant leur louable coutume, ils ont couvert leurs intérêts de la cause du [Peuple].

[...]

Je sais bien que, pour réponse, ces messieurs tâchent d'insinuer que ce n'est point au théâtre à parler de ces matières ; mais je leur

21

demande, avec leur permission, sur quoi ils fondent cette belle maxime.

[…]

Si l'emploi de la comédie est de corriger les vices des hommes, je ne vois pas quelle raison il y en aura de bien plus dangereuse que tous les autres ; et nous avons vu que le théâtre a une grande vertu pour la correction. [4]

L'orgie des promesses électorales

Les promesses électorales répondent à une fonction précise : celle de redonner de l'énergie à une machine constitutionnelle qui n'obéit plus qu'à son inertie. La « volonté générale » finit par se confondre avec la voix anémiée des sondages d'opinion. L'électrocardiogramme du pays devient plat, sans vie. Et voici que les temps changent. On annonce des élections ! Chaque groupe recommence à pointer les problèmes, à cerner les enjeux. L'espoir du pays regonfle. La nation puise à nouveau dans le réservoir des bonnes volontés pour affronter l'avenir. Le moteur était à sec.

Enfin ! On va à la pompe pour y ajouter du carburant et avoir la force collective d'aborder les questions nouvelles (ou celles qui avaient paru jusqu'ici intraitables).

Chacun est à la fête, mais le voyage entrepris apparaît de plus en plus incertain. La nuée d'indices qui convergeaient vers une signification autre se mue en brume. La terre promise se révèle être un mirage. La destination entrevue est perdue, détachée du sens attendu. Où suis-je ? Le grand soir des solutions-miracles se dissipe, délivrant une aube noire. Ah ! gémit le chœur des déçus, le soleil n'est pas au rendez-vous ! *L'aurore aux doigts de rose* n'existerait que chez Homère ! crient, en se frappant la poitrine, les suppliants ! La vision s'évanouit. Le poète de la campagne électorale n'était qu'un manipulateur qui n'est pas en fait à la hauteur.

La droite triomphe. Désastre. Cinq ans après, la gauche l'emporte. Désastre puissance 2. Le navire France, surchargé de dettes, tombe de Charybde en Scylla. Incapable de se délester, il continue d'ajouter dépenses sur dépenses avant qu'on ne pense redresser la barre à temps. Le candidat de droite annonçait un grand changement après les quatorze ans d'un roi fainéant dont l'autorité se réduisait à écarter tout concurrent. Voici que surgit un jeune étalon, plein d'allant, ne provenant pas de l'establishment. Ce seul exploit séduisit beaucoup de monde qui ne souffrait plus l'enclos politique étroit. Son jeune âge devait insuffler l'élan nécessaire pour accomplir des réformes profondes. L'image de l'action en marche, évoquant Bonaparte à Arcole, voire Napoléon à cheval, indiquant à tous la direction en avant, faisait la une de la presse étrangère (voir la couverture du *The Economist* qui retouchera le tableau de David).[5]

Quelques jours après l'élection, le candidat annonça une retraite spirituelle avant d'affronter les tempêtes. Le pays fut impressionné. Une tradition de grand prince, priant avant la bataille pour se concilier le destin ! On était dans Shakespeare. Mais voilà qu'au lieu de voir l'image d'un monastère, les Français découvrent celle d'un yacht sur lequel l'élu se recueille en compagnie d'*happy few* …Quel choc et quelle déconvenue ! Une goutte de trop après la « sortie en boite » de l'élu au Fouquet's le jour de son investiture. Le public ne comprend plus. Les déceptions s'accumulent. L'impétrant exhibe fièrement une montre de nouveau riche. Quoi ! Ne pas en avoir une avant 50 ans, n'est-ce pas rater sa vie, dira un de ses amis, publicitaire ? La bourde rejaillit sur le jeune Président. Celui-ci eut beau s'agiter, rien n'y fit. Surexcité, il oublia la *gravitas* requise pour gouverner. Il tempête, tance ses ministres, insulte ses conseillers. Son instabilité caractérielle gâcha ses vertus (vivacité, imagination, talent oratoire, courage politique occasionnel). Son désir d'être aimé le poussa à privilégier le court terme, le faisant apparaître plus opportuniste que pragmatique, sans boussole ni stratégie précise.

Faute de se mettre dans les habits d'un Président, l'élu éclipse le Premier ministre. Il devient chef de parti. Il s'efforce de rassembler, de mobiliser. Sa quantité de mouvement est intacte, mais il se heurte vite à l'hostilité de ceux qui refusent toute réforme. Privé de l'appui de l'opinion qui en avait fait son champion, il contourne, esquive. Le résultat reste en-deçà des attentes en dépit de quelques réussites (amorce de la réforme des retraites, autonomie des universités, révision constitutionnelle reconnaissant à chacun le droit de contester la loi dans le cadre d'une procédure particulière pour ne pas trop déstabiliser le mythe traditionnel). Ses qualités l'emportent sur ses défauts, persiste à penser son entourage. Peut-être. L'histoire le dira s'il se représente à l'élection présidentielle. L'intéressé semble croire encore à son étoile.

Le candidat de gauche qui lui a succédé est arrivé au pouvoir par chance. Jusqu'ici, l'homme n'avait été qu'un bureaucrate dirigeant d'un parti qui n'est plus à la page depuis fort longtemps. Cet habitué des arcanes socialistes s'était montré habile à concilier pour un temps les courants internes qui divisent la baronnie du parti dont le siège est situé dans un quartier chic de Paris. On n'y entonne plus l'internationale comme à l'époque de Jaurès et de Blum (çà vous fout mal dans le quartier), mais on reste imbibé de marxisme et de vulgate keynésienne en oubliant que Keynes avait répondu à ceux qui lui reprochaient de changer d'opinion : *When the facts change, I change my mind.* Le candidat profite d'un singulier concours de circonstances : 1/ de la crise économique, qui fragilise davantage la position du président sortant ; 2/ du comportement sexuel extravagant d'un cacique du parti socialiste, favori dans les sondages. -- Ouah ! Le champ est libre ! Dans la république des aveugles, un borgne est devenu roi …

Voilà notre rond de cuir du parti socialiste propulsé au-devant de la scène. Rien en lui ne change. Son discours politique est truffé de moralisme et de catéchisme. Il promet *une République exemplaire* (sic) qui devrait mettre fin au *bling-bling* de son prédécesseur en ayant oublié auparavant de nettoyer les écuries d'Augias du parti du « peuple » qu'il représente. (Au temps où il en fut Secrétaire, Monsieur tarda à exclure un sénateur-maire socialiste, condamné pour viol à l'encontre d'une employée municipale. Voyons ! Un Secrétaire général n'est pas un procureur ! Le principe de la présomption d'innocence n'empêchait pourtant pas de demander à ce dernier de renoncer à ses mandats en attendant la décision de justice. Ce n'est qu'à l'approche des élections de 2012 que l'honorable parlementaire fut prié de rendre sa « carte »[6]. Quant au catéchisme, l'élu de gauche se fait jésuite : il promet une aggravation de l'impôt sur la fortune (quand on naît dans une banlieue aisée, on hait les riches (sic), mais il n'aime pas non plus « les gens sans dent » d'après une de ses confidentes). La politique permet l'acrobatie logique de dire oui et non en même temps. Devant les ouvriers, le président promet, la main sur le cœur, la fin du chômage. Ayant été fonctionnaire, il n'en connaît pas les épreuves, mais il compatit, ou le fait croire, en méconnaissant les ressorts économiques pour y mettre fin.

- Vous, Français (c'est lui qui parle), vous avez bien raison de prendre vos désirs pour des preuves ! Vous voulez plus de fonctionnaires, qui ne produisent aucune richesse, vous les aurez ! Plus de dépenses sociales, et un énorme trou de la sécurité sociale, vous les aurez ! Moins de compétition internationale, en continuant d'obérer les charges des entrepreneurs qui vous exploitent, vous l'aurez ! Mes ministres alourdiront au maximum la barque pour qu'il n'y ait plus d'industrie nationale. Ah ! que la France est belle quand elle est seule au monde ! Un pays qui ne fait que consommer ce que produisent les autres avec efficacité, quel noble idéal ! Il faut que le rêve devienne réalité. Rassemblez-nous, Français, pour ne plus bouger. Dormons ensemble, et laissez dire aux autres que ce plan est inintelligible pour un esprit de bon sens !

Il y a une cerise sur le gâteau. Le candidat élu prétend être un Président *normal* (sic). Pas de vagues. Il faut plaire au Français moyen qui déteste celui qui le dépasse d'une tête. Eh ! N'a-t-on pas fait la

Révolution, moins par amour de la liberté que de l'égalité ? L'envie est la passion du pays. L'égalitarisme, sa fille mal foutue, est opposée à tout fiat lux créateur, toute innovation qui singularise les hommes et les talents. On est petit et on le demeure. Chez soi et entre soi. Qu'a-t-on besoin de *sentir en nous ce sentiment plein d'une grandeur étrange* qui s'empare d'une nation qui entend participer à l'évolution du monde et non être asservie par lui ?

N'y a-t-il pas, dans la pensée humaine,

Des ailes qui frémissent et des cordes sonores qui se tendent ? [7]

Voilà des paroles d'un vrai poète, mais nous préférons être sourds, demeurer en deux dimensions, en *flatland* plutôt que gravir la colline. Le nouveau Président préfère jouer de la flûte de Pan. Non pas pour émettre des sons qui réveillent, mais de la musique qui assoupit sur demande.

Point de rock dur, électrique, énergique, mais une berceuse, poivrée d'un peu d'humour (ça plaît aux dames) alors qu'il devrait utiliser le bistouri pour sauver le pays. Mais soyons justes. Il lui arrive parfois d'être imparfait (anormal) quand il se décide enfin (*soupir de soulagement*) à faire voter une loi sur le mariage pour tous, malgré le cri d'orfraie d'une partie de la population qui manifesta, non pour elle, mais contre les droits à autrui. Quand il se décide aussi à réduire la portée du cumul des mandats contre l'avis de certains de ses amis. Quand il entreprend enfin de renforcer la régionalisation du pays qui étouffe sous Paris. Il faut reconnaître au Président en exercice des mérites ! La droite n'a encore rien fait sur ce plan.

La trouille et le manque de couilles

Ce sont là, hélas, des exceptions qui confirment le principe. Le populo dirait : *le pouvoir a la trouille. Il manque de couilles*. Quel paradoxe ! La droite comme la gauche se sont révélées incapables de régler trois questions intouchables : celle des syndicats, celle de l'immigration et celle de la souveraineté nationale vis-à-vis de l'Europe dont on se réclame sans la vouloir.

Les syndicats. Ce qui frappe le visiteur étranger est la pérennité des secrétaires généraux des syndicats « ouvriers ». Comme dans les carrières politiques, ils sont élus, réélus ... et réélus *ad vitam æternam*. Aucun d'entre eux ne retrouve une fonction technique dans l'entreprise ou l'administration. Ils furent ouvriers ou employés, mais ils ne le sont plus depuis des décades, mais ils gardent le contact avec la base pour rester en place. Ils savent donner de la voix pour que leurs camarades qui travaillent donnent leurs voix (à main levée, c'est préférable). Chacun sait jouer les durs pour montrer qu'il est l'homme de la situation. Un appartement de fonction et autres avantages (via le budget du comité d'entreprise), cela vaut la peine de se battre !

- Mais, monsieur, vous n'y connaissez rien ! – Si, un peu. À titre de citoyen, j'en subis les effets (les grèves continuelles, pour un rien, sans autre motif que celui de protéger « les droits acquis » des salariés fort privilégiés du secteur public. La tartufferie de la défense de « l'intérêt général » paye au détriment des contribuables qui passent « pour leur intérêt » à la caisse). Il m'est arrivé d'enseigner les rudiments de la théorie des jeux à des syndicalistes qui se la jouaient. A ma question : Avez-vous une expérience de la négociation ? Réponse : Pardi ! Oui, depuis trente ans que je suis syndicaliste et que je lutte contre les patrons ! – Comment voyez-vous les « patrons » lorsque vous « négociez » avec eux ? Réponse : Quelle question ! Pour nous (*répètent-ils à l'envi*), ce sont des crapules. – Comment définiriez-vous une crapule ? Réponse : une crapule est une crapule. – Mais encore ? – C'est clair ! non ? - Pensez-vous que la partie adverse vous perçoit également comme une crapule ? (*Silence.*) La méthode socratique demeure manifestement d'actualité pour combattre les préjugés. - Ne faut-il pas voir plutôt la contradiction adverse comme utile pour créer ensemble des options nouvelles qu'aucune partie n'avait imaginées ? – Non, nous, on préfère jouer à somme nulle (on prend ce que l'autre perd). – C'est trop dire. N'est-ce pas une façon de vous mettre une balle dans le pied ? Vous auriez pu obtenir plus sur différents plans ainsi que l'autre partie. Même si le statu quo vous semble favorable, il finira par se retourner contre vous ou fondre au soleil…

La trouille ? Il suffit de voir comment le rapport parlementaire sur les finances des syndicats est passé à la trappe avec la complicité de la majorité des députés de gauche et de droite :

Le rapport Perruchot, du nom du député Nouveau Centre rapporteur de la commission d'enquête, a été enterré en novembre 2011 sans autre forme de procès. Officiellement, il ne pourra être publié que dans trente ans !

Le rapport visait à faire la lumière sur les finances encore très opaques des syndicats, tant ouvriers que patronaux. Son histoire n'est pas banale. Tout commence en 2007, lorsque Nicolas Perruchot, député du Loir-et-Cher connu pour avoir été le "tombeur" de Jack Lang à la mairie de Blois, propose la création d'une commission d'enquête. L'accueil est froid. Mais en 2010, le Nouveau Centre utilise le "droit de tirage", qui autorise chaque groupe parlementaire à réclamer la création d'une commission d'enquête pour rouvrir le débat.

Tous les groupes, UMP, socialistes, Verts, se cabrent. L'Élysée aussi rechigne à chatouiller les centrales syndicales à quelques mois de la présidentielle. Mais la commission est quand même mise en place. Le rapport est rédigé. Sur les trente membres de la commission, seuls neuf participent au vote. Deux centristes votent pour, trois socialistes contre et quatre élus UMP s'abstiennent. Le rapport Perruchot, puisqu'il n'a pas été adopté, ne sera pas publié, fait rarissime pour la Ve République.

Il ressort [du Rapport] que :

- les syndicats patronaux, en dépit de leur opulence, "tapent" dans les fonds des organismes paritaires (Sécurité sociale, Unedic, formation...) ;

- les syndicats ouvriers vivent aux crochets de l'État et des organismes paritaires ;

- le syndicat agricole dominant, la FNSEA, a un art éprouvé pour confondre fonds publics et militantisme.

Au total, le rapport Perruchot dresse, entre les lignes, un rapport consternant de la vie syndicale en France. À base de combines et de faux-semblants où l'État participe à un jeu de rôle avec des apparatchiks syndicaux qui ne représentent pas grand-chose. La France compte 8 % de syndiqués et huit "grands" syndicats. Qui ne courent pas derrière les militants et leurs cotisations tellement il est plus facile d'actionner d'autres pompes à fric (parmi lesquelles les comités d'entreprise des sociétés publiques).[8]

Les députés de droite se défilèrent pour ne pas mécontenter le patronat. *Nicolas Perruchot, s'exprimant sur La Chaîne parlementaire, dit avoir « appris la veille de l'ultime réunion en commission que l'UMP allait [le] lâcher, ce qui n'est pas très courageux ». Et pour cause : son rapport contiendrait quelques allusions peu flatteuses sur le financement de la CGPME (organisation patronale représentant les PME) et sa gestion des fonds de la formation professionnelle.*[9] Les députés de gauche firent preuve de la même pusillanimité. Question au Rapporteur : *Les socialistes jugent le travail « orienté » contre les syndicats de salariés. Réponse : C'est absolument faux ! Dès le début, je craignais qu'on me fasse ce type de procès en sorcellerie. C'est d'ailleurs pour cette raison que nous avons décidé, dès le début, de faire « moitié-moitié » : 70 pages sur les représentants des salariés, 70 pages sur ceux du patronat. Le traitement est équitable. Les sujets « chauds » aussi : il y en a autant des deux côtés.*[10]

Le manque de couilles ? Question : *Certaines révélations devaient pourtant être gênantes ?* Réponse du même Rapporteur : *Effectivement, pour la première fois, on trouve dans un même document des chiffres qui, mis bout à bout, peuvent surprendre par leur ampleur. Et ce d'autant plus que l'opacité des financements, comme la quasi-absence de contrôle, rend ce système perfectible. Q. : Ce rapport a-t-il encore une chance de voir le jour ? R. : Aucune, sauf si le règlement de l'Assemblée nationale était revu ! Je persiste à penser que les gens regrettent, comme moi, ce déni de démocratie. Ces derniers jours, j'ai reçu des dizaines de messages de soutien de gens me disant « Tenez bon ! ». Plusieurs émanaient de syndicalistes.*[11]

- Vous voyez qu'il y a des gens bien parmi les syndicalistes ! – Je n'en doute pas, et admire moi-même le dévouement de certains quand il s'agit de rééquilibrer un rapport de forces défavorable. J'ai souvenir, toutefois, lorsque je voulus être nommé assistant à la Faculté, que l'un d'eux me glissa tout bas : *Si tu n'adhères pas à notre syndicat, je ne peux rien faire pour toi.* J'ai répondu tout de go : *Moi non plus !* La commission finit par me sélectionner grâce au concours d'un professeur courageux, peu sensible au critère syndical pour juger la compétence. La capacité d'analyse des syndicats n'est en général au top pour aider le pays à s'en sortir. Un journaliste questionna un de leurs Secrétaires perpétuels sur la prolongation de l'âge de la retraite compte tenu de l'accroissement de l'espérance de vie. Celui-ci jugea que la démographie n'était pas un argument. Notre penseur avait raison : l'accroissement de l'espérance de vie est un fait, et comme tel incontournable, mais la distinction fait/argument n'entrait pas dans son argumentaire. Imaginez un avocat confondant les deux ! Malheureux serait son client. Un physicien confondant hypothèse et sa validation. Où irait la science !

- Vous n'êtes pas non plus très tendre avec les parlementaires ! Vous ignorez combien ils travaillent quand ils sont présents ! – R. : Je fus assistant parlementaire pendant deux ans. A part d'être à table au restaurant gastronomique de chaque Chambre, je n'en ai pas vu beaucoup en séance, ni en Commission. En revanche, pour solliciter avantages et réserves d'argent auprès de la Questure, ils se montrent fort diligents. La volonté générale, qu'ils disaient autrefois représenter exclusivement, peut attendre. Le népotisme est garanti pour recruter des assistants. Fournir des notes de frais ? Vous n'y pensez pas ! Nous n'avons pas besoin de justifier nos dépenses. Les *lobbies* ? De quoi parlez-vous ? Nous sommes au-dessus de ces vulgaires intérêts privés ! – Mais pourquoi continuez-vous à nier leur influence ? C'est le jeu normal de la démocratie. Le *lobbying* apporte des informations précises aux assemblées parlementaires et aux fonctionnaires, mais le jeu doit être transparent. Quand on refuse de reconnaître leur existence, on coure le risque d'une influence sourde, déformant, sans que le public le sache, les décisions. Ah ! comme il s'avère difficile de déclarer comme tels les groupes d'intérêt (fédérations d'industrie, syndicats, associations, *think-tanks*, églises, franc-maçonnerie). On n'empêchera jamais les réseaux de jouer un rôle, mais on y verra un peu plus clair. Il ne s'agit pas d'en persécuter certains. Nous ne sommes pas (ou plus) sous un régime autoritaire ou fasciste. Au contraire, il importe d'en multiplier le nombre afin de les neutraliser en partie comme le pensait James Madison en rédigeant la constitution américaine.

- Madison ? Qui est-ce ? Connais pas !

L'immigration. – Mais vous ignorez le problème ! – Comment chacun peut-il l'ignorer quand beaucoup de nos concitoyens, comme l'ADN le révélerait si on lui demandait, en est issue. - Ah non ! *Couvrez ce sein que je ne saurais voir !*[12] - Étudiant en France, j'ai travaillé comme moniteur d'enfants dans l'une des banlieues déshéritées de la région parisienne. Les petits arabes du coin m'appelaient Aladin (quand on s'appelle Alain, et de surcroît Laraby, on comprend le glissement enfantin). Leurs parents, je m'en souviens, étaient parqués comme des moutons dans des baraquements derrière des grillages. La fin de la guerre d'Algérie n'était pas loin. Le traumatisme du pays était trop vif pour que les Français se soucient de leur sort. Dans ce contexte, la politique d' « importation » de travailleurs nord-africains en France était incon-séquente, pour ne pas dire aberrante. Au lieu de régler le problème, on en rajoutait. Cela coûte moins cher à court terme, mais à long terme, le profiteur, ses enfants ou les tiers, en payent souvent le prix (comme le prouve le fait colonial ou la question noire aux États-Unis).

Sur place, au milieu de l'insécurité grandissante, je devinais les ennuis à venir. Il y a plus de quarante ans. C'était plus qu'un déni de la démocratie : un déni de la réalité. La classe politique, de gauche et de droite, habitait le centre de Paris. Les affiches les montraient dans un village de la France profonde, avec son clocher et sa campagne, et ils continuent aujourd'hui à se faire élire dans une petite ville de province qui ignore les problèmes réels de la France entière et du monde. C'est si facile de boire un gros rouge avec les péquenots des environs ou de manger du saucisson (devant les caméras) au Salon de l'agriculture. Nous, c'est nous, n'est-ce pas ? Ah ! La France des Gaulois ! Je n'ai rien contre les paysans, mais je trouve insupportable la façon de s'en servir une fois par an. Le reste du temps, on ne s'en soucie guère, mais c'est vrai qu'avec les beurs et les beurettes de la périphérie des villes, la visite des quartiers où ils vivent désœuvrés risque d'être davantage perturbée pour les avoir oubliés.

- (*avec un faux air d'indignation*) Mais vous oubliez vous-même la politique du logement qui a englouti des milliards et la politique du regroupement familial qui fut humaine et généreuse !

- (*avec un faux air contrit*) Vous avez raison. Les familles arrivantes ont été logées dans de magnifiques barres HLM, au plus loin des moyens de transport et des commodités. On dit que les architectes de ces logements décents, construits auprès des routes bruyantes, aimeraient y vivre. Il n'y a malheureusement plus de place, tant la demande est forte pour s'y entasser !

- Cessez d'ironiser ! Le sujet est trop sérieux. Il y a aujourd'hui des bombes, des commandos, peut-être un jour des attentats suicides. (*in mezzo voce*) Le lecteur risque de s'en offusquer.

- C'est à vous de cesser, pour une fois, de jouer au Tartuffe, vous qui n'avez jamais pris ce sujet au sérieux ! Vous découvrez, tout étonné, qu'il y a des morts, des prisons pleines à craquer. – Vous rigolez ! On a fait ce qu'il faut : couvre-feux, militaires en arme dans les rues, dans les gares. Je vous confesse que cette dernière mesure ne sert à rien, mais elle fait croire que. Le peuple est si bête ! Comment pourrait-t-on sinon être réélu ? – Mais les gens qu'on dit brillants, diplômes à la boutonnière, peuvent encore être plus niais. Rien n'a été fait pour intégrer culturellement et professionnellement les immigrés de souche récente. Dans d''autres pays, on leur inculque les valeurs du voisinage et on leur donne vite un métier dans les mains. En France, ils reçoivent des tickets pour visiter des musées, mais ils ont ensuite la chance de faire la queue devant l'Agence du (non)-emploi. – Quel toupet ! Vous doutez de l'efficacité de l'ANPE qui convoque chaque malheureux, Français de souche, naturalisé ou immigré, 5 mn pour la énième fois, faute de pouvoir leur donner un renseignement qui vaille ! - On connaît la réponse subtile du Ministère : on va augmenter le nombre de fonctionnaires de l'Agence pour créer des emplois… Le pays de Descartes n'avait jamais si bien raisonné à l'endroit. Je déraisonne, donc j'existe, comme âme ignorant les besoins de son corps. Rappelez-vous le mot de Montaigne : *quand le corps est fort, il obéit ; quand il est faible, il commande.* Aïe !

- Mais pour qui roulez-vous enfin ! Pour la droite ou la gauche ? Seriez-vous gauchiste ou ultra-libéral ? – Ni pour l'une, ni pour l'autre, monsieur l'inspecteur. Ce genre de question me rappelle une époque ancienne : Tu es quoi, toi ? Nietzschéen ? Marxiste ou freudien ? – Moi, je suis moi, du moins j'essaie de l'être en évitant les dictatures intellectuelles qui vous vont à merveille. Votre politique de pots de fleurs consistant à saupoudrer le gouvernement de quelques ministres issus de l'immigration est un cautère sur une jambe de bois. – C'est un début. Avant, nous avions déjà recruté, à la télé, de jolies présentatrices de couleur ! – Grâce à vous, les Français ont pu se rincer l'œil, mais, parmi les gens de couleur, il y a des talents autres. Hors du « petit » écran sur lequel toute la France est rivée, la haine des exclus qui n'est pas montrée (à part un film) a fini par éclater. – A qui le dites-vous ? Dans la rue, on n'est plus chez soi ! - Au rejet de la majorité a répondu le jet de pierres des minorités, au manque d'égards a répondu le cri désespéré « Respect ! ». Le mot est à la bouche des jeunes des cités, amenés pour exister à former des bandes et à suivre des caïds et brutes épaisses.

- Mais ils s'adonnent au trafic de drogue !
– Oui, et il y a pire. Ils tabassent, enlèvent et torturent de jeunes juifs comme dans l'affaire du gang des barbares. Ilan Halimi en est mort, la police niant qu'il s'agissait d'antisémitisme. Au lieu de se sentir français, ils sont devenus anti-français. Au lieu d'adopter les valeurs de laïcité et d'égalité de l'homme et de la femme, ils suivent des cours de sous-éducation religieuse. Ils optent pour le voile, ou l'imposent à leurs sœurs qui voudraient faire des études et qui deviennent comme eux intégristes. Au lieu d'enrichir la culture française, ils partent en Orient détruire tout vestige de civilisation. Ils se sont moins convertis à l'Islam qu'à l'infrahumain en tuant de façon sauvage autrui comme un animal. Aujourd'hui, la question de l'immigration est relancée avec l'arrivée massive de réfugiés

politiques et économiques. Si la politique continue d'être celle d'une « élite » aussi stérile, on ira tout droit à la guerre civile ou à des Saint-Barthélemy comme les Français en raffolaient autrefois. Au mieux, le débat électoral va s'abaisser à nouveau avec des slogans de caniveau.

- Vous allez fort ! – Pas si fort que cela quand on voit déjà comment une militante d'extrême-droite compare une ministre de couleur à un « singe », quand on voit comment de simples parents laissent, en riant, leur enfant agiter une peau de banane sur le passage de la ministre, quand une autre femme politique parle, enfin, de « race blanche » pour définir la France …

- Plus d'espoir ? - Si, j'en vois un. Pour une fois, la droite et la gauche ont œuvré dans le même sens en s'attachant à former de « imans à la française ». C'est un signe, mais il faudrait renoncer à la mentalité qui consiste à considérer le travail et les richesses comme une quantité fixe à partager. Il faut ajouter du surplus pour tous. Un pléonasme, oui, pour être entendu !

La souveraineté nationale. Par manque de place, nous en parlons allusivement en conclusion.

De l'inexpérience des affaires à la misanthropie économique

Malgré les objurgations de Voltaire en faveur du commerce, les louanges de Montesquieu sur son esprit, la France n'a jamais apprécié les vertus de cette forme primordiale de l'échange. De Colbert à Napoléon, même incompréhension, même fermeture de l'esprit et des frontières. *Vive Colbert... hélas !* écrit Jean Peyrelevade, ancien PDG de Suez et du Crédit Lyonnais qu'il a redressé. *L'esprit du commerce*, pour parler comme Montesquieu, n'a jamais été encouragé.

Colbert est l'inventeur du mercantilisme industriel. Victime d'une illusion largement partagée, il croit que l'accumulation de métaux précieux fournit la vraie mesure de la richesse. « Il n'y a que l'abondance d'argent pour un État qui fasse la différence de sa grandeur et de sa puissance. » La France ne disposant pas de mines d'or, elle doit exporter plus qu'elle n'importe, vendre plus qu'elle n'achète, pour ramener chez elle le métal précieux qui, venu d'Amérique, n'aura fait que traverser l'Espagne. Bien entendu, on parviendra plus vite à ses fins (du moins le croit-on) en chargeant de droits de douane élevés les fabrications étrangères. En revanche, on favorise les importations de matières premières et on interdit leur exportation. Dès l'origine, l'Etat industriel est protectionniste. L'économie nationale est à la fois protégée et réglementée.[13]

Vive Napoléon... hélas ! hélas ! hélas ! Napoléon est d'une inconséquence achevée. Il accuse d'un côté l'Angleterre d'être une nation de boutiquiers et de l'autre il tente de monter un blocus continental contre elle alors qu'elle contrôle les mers et le commerce…. Napoléon raisonnait comme un physiocrate qui n'avait pas vu que le commerce importe autant que l'agriculture. L'Angleterre était déjà une grande nation économique avant que la révolution industrielle ne la propulse en avant. *Napoleon was indifferent to the fate of the merchants, especially the non-French merchants of his own empire*[14]. Les pays, sous domination française, essayèrent de compenser leurs pertes en se lançant dans la contrebande. Croyant jouer au plus fin,

Napoléon autorisa par des licences un commerce clandestin avec l'Angleterre, à la charge d'exporter en marchandises françaises une valeur égale à celle qu'on voulait importer. Les négociants qui faisaient usage de ces licences chargeaient sur leurs navires des marchandises qui, ne pouvant être

admises de l'autre côté du détroit, étaient jetés à la mer en sortant du port. Le gouvernement, tout à fait ignorant en économie politique, s'applaudissait de cette manœuvre comme étant favorable à nos manufactures. Mais quel en était l'effet réel ? Le négociant, obligé de perdre la valeur entière des marchandises françaises qu'il exportait, vendait en conséquence le sucre et le café qu'il rapportait d'Angleterre, le consommateur français payait le montant des produits dont il n'avait pas joui. C'était comme si, pour encourager les fabriques, on avait acheté, aux dépens des contribuables, les produits manufacturés pour les jeter à la mer.[15]

Depuis des siècles, la France a manqué le coche du commerce. C'est autour de la France, sur mer et sur le continent (en Italie du nord, en Flandre, aux Pays-Bas) que les affaires se font sans elle. L'histoire montre une incompatibilité entre un pouvoir fort et l'autonomie urbaine. Sous la coupe des Français et des Espagnols, l'Italie du Sud perdit sa variété foisonnante. Une monarchie centralisée, avec sa lourde fiscalité, empêcha en France l'essor de villes-mondes comparables à Florence, Gênes, Anvers, Amsterdam, Londres... Paris demeura en retrait.[16]

De la monarchie à la République, rien n'a changé en France sous ce rapport. Certes, on convoque plus régulièrement les États Généraux nouvelle manière, mais le Parlement n'est pas davantage rempli de gens rompus aux affaires. Les fonctionnaires y foisonnent. Aucun ne sait régler concrètement la TVA, mais certains l'ont inventée, fiers de cet impôt nouveau qui se répercute sur la consommation. *Ce n'est pas à nous de nous tracasser comment les entreprises seront chargées de la récolter et de la répercuter. La paperasse, c'est leurs affaires !* La délibération sur des matières qu'ils ignorent est légion. Ne s'étant pas coltinés au réel, ils tranchent. Sans jamais avoir eu à discuter et à signer le moindre contrat pour être embauchés, ils façonnent dans le vide les règles du contrat de travail des autres. Ils en établissent les clauses d'entrée et de (non) sortie sans en connaître les effets, indifférents aux affres des employeurs qui recrutent et licencient en fonction de la conjoncture économique. Leur approche est notariale, car le contrat de travail doit être aussi intangible qu'un contrat portant sur des choses immobilières. – Vous voudriez peut-être que nous adoptions la *common law* si à l'écoute du droit des affaires ? Le droit n'a pas à se soucier de protéger la fluidité du négoce contre l'intrusion de l'Etat. Parbleu ! Le droit, par définition, c'est droit, pas courbe !

Nos représentants du peuple veulent le bien du peuple sans même pressentir les lois du bien-être. La science économique, dont certains savent les rudiments, ne les a préparés qu'à admettre *pour fondement, au lieu d'un fait observé, un principe qui n'est fondé lui-même que sur une argumentation.* Faute d'être passés par une entreprise, nos législateurs et nos ministres, aussi peu au fait de leurs domaines respectifs, *imitent les scolastiques du moyen âge qui discutaient sur des mots et qui prouvaient tout, hors la vérité.*[17] A part de dépenser sans compter, ils ignorent les notions de base comme la variation des stocks, la vitesse de circulation de la monnaie, la différence entre un coût moyen et un coût marginal, ... (je m'arrête là, pour éviter de les faire trembler). Leur connaissance sur la manière de créer les richesses est aussi maigre que celle de les perdre. *Nul n'entre ici s'il n'est géomètre,* disait-on en Grèce ancienne. Pas dans la politique française où n'a pas été admis l'esprit scientifique.

Un test ?

– Monsieur le député, monsieur le sénateur, monsieur le Ministre (un ex-ministre qui ne s'entend pas dire encore *ministre* est très contrarié), parlez-nous de la loi de la chute des corps. - (*Silence.*) - Nous avons été gentils : nous ne lui avons pas demandé d'évoquer la relativité générale, mais une loi découverte au début du XVIIe siècle... - Galilée ? Euh... Un jour, une personne en charge du budget de la recherche scientifique, demanda à un astronome si le soleil se couchait à l'ouest dans l'hémisphère sud... Surpris, l'astronome crut à une plaisanterie. La question fut répétée. Il y a à parier, parmi les gens qui gouvernent le pays, des esprits qui croient à la musique des sphères en ignorant que le son ne se propage pas dans le vide. – Mais monsieur, moult collègues, et non des moindres, consultent des astrologues ! – Qui en a douté ?

Lors d'un passage en Afrique de l'Est, j'eus l'occasion de rencontrer un « haut » fonctionnaire, sorti de l'École nationale d'administration. Au lieu de me faire part de ses expériences, il me parla de ses notes d'entrée à l'ENA en me disant qu'il avait été reçu grâce à la culture générale. – Qu'entendez-vous par culture générale ? demandais-je. Il me répondit avec un ton d'évidence : la littérature, l'histoire, la géographie. – Très bien. Et les sciences ? - Oui, un peu de sciences humaines, de sociologie, d'économie, de psychologie, … - Un peu aussi de maths et de physique ? – Mais, vous plaisantez, ce sont des savoirs, pas de la culture ! – Ah ! bon ?

Naturellement, personne n'a la science infuse. Il vaut mieux pour un décideur public de connaître le prix du pain, du lait ou de l'essence que connaître Newton, Einstein ou la physique quantique. Ne pas connaître la science n'est pas un mal en soi (un peu, quand même), mais raisonner en économie sans avoir le réflexe de vérifier ses dires et de les rectifier si les statistiques en démentent la véracité, il faut une sacrée dose d'absence de culture ! Ah ! s'ils savaient qu'en science on apprend, moins la vérité en soi, que l'incertitude, ainsi que le rappelait Richard Feynman[18]. Créer les 35h de travail par semaine pour réduire, dit-on, le chômage, et ne pas voir ensuite près de 6 millions de personnes sans travail, il faut être un as de la méthode non expérimentale. – Monsieur, vous n'êtes qu'un savant dominé par les faits. Nous, nous faisons de l'idéologie ! – Instituer la retraite à 60 ans sans consulter les tables des actuaires, c'est assurément de la métaphysique pure, digne de celle d'autrefois - Et de l'arbitraire pur, ajouta une voix tierce, car il a dépendu du bon plaisir d'un Roi républicain (celui qui a écrit *Contre le coup d'État permanent*) de le vouloir ! (Le même Sire n'avait pas hésité à mettre sous écoutes illégales nombre de personnalités et de journalistes qui le contrariaient.)

Si on n'est pas d'accord sur l'effet des 35h et de la retraite à 60 ans, qu'on procède à l'analyse. *De ce qu'un fait peut avoir telle cause, l'esprit de système conclut la cause, soit, mais l'esprit d'analyse veut savoir pourquoi telle cause a produit tel effet, et s'assurer qu'il n'a pu être produit par aucune autre cause.* – Monsieur, vous en demandez trop. Notre clientèle ne le supporterait pas, même si d'autres catégories de la population souffrent de notre injustice (il suffit de voir l'état des salariés non privilégiés du public sans parler des non- salariés)[19]. Nous préférons *les idées vagues et hypothétiques, les imaginations extravagantes qui se débattent un certain temps avant de s'engloutir pour toujours*[20], entraînant dans leur chute le pays.

La docte ignorance des élites politico-administratives en matière d'économie répond à l'ignorance plus grave du public. – N'y figurez-vous pas vous-même, monsieur l'avocat. – En partie, oui ; en partie, non, ayant suivi, par le passé, les cours de Maurice Allais sur la théorie du surplus et de la monnaie. En tant qu'ancien ingénieur, ce Nobel français s'efforçait toujours de confronter la théorie et le réel par le biais de séries numériques. En tout état de cause, *le bien public exige que les particuliers connaissent les principes de l'économie politique aussi bien que les hommes d'État. Il leur convient de s'en instruire comme intéressés pour leur part au bien public ; cela leur conviendra encore s'ils veulent s'éclairer sur leurs intérêts privés.* L'éducation populaire en économie est malheureusement au plus bas. Dans les media, ce n'est pas mieux, à voir comment on rapporte toute l'information aux mots crise et mondialisation !

L'opinion que l'étude de l'économie politique ne convient qu'aux hommes d'État, toute fausse qu'elle est, a été cause que presque tous les auteurs, jusqu'à Adam Smith, se sont imaginé que leur principale vocation était de donner des conseils [complaisants] à l'autorité ; et comme ils étaient loin d'être d'accord entre eux, que les faits, leur liaison et leurs conséquences, étant fort imparfaitement connus par eux, et tout à fait méconnus du vulgaire, on a dû les regarder comme des rêveurs du bien public ; de là le dédain que les gens en place affectaient pour tout ce qui ressemblait à un principe.[21]

Pour tout principe vrai, mais pas pour les principes faux ou limités dans leur application. Le gouvernement met en œuvre une politique de la demande à court terme au lieu de soutenir l'offre qui permettrait d'exporter et d'embaucher. – Ah ! Comme il est triste de ne plus pouvoir dévaluer ! Appartenir à l'euro nous impose des contraintes contre notre laxisme. Cette rigueur est insupportable ! Elle rappelle le redressement du franc sous de Gaulle avec Jacques Rueff. Il y a, en ce pays, plus que du dédain. Une incompréhension profonde engendrant une haine de l'économie. Les gens ont l'impression d'en subir le joug sans espoir. Comme si chacun vivait la gravitation sans imaginer un jour la retourner à profit ! (Dans les fêtes foraines, on sait pourtant s'y faire en faisant rouler des trains sur des grands 8). Habitués à ce qu'on décide pour eux presque comme au temps de l'Occupation, les Français vivent l'économie comme une fatalité, comme une donnée inconnue et démesurée. - « Le capital », le grand mot ! Quel son affreux ! L'athée de service y oppose une croix du Christ en criant *Vade retro satanas !* Un saint homme, barbu, a composé une Somme sur le sujet. Les Internationales ont ratifié ses sourates. Un de nos compatriotes vient d'y ajouter un codicille. Une autre a écrit sur « l'horreur économique ». Ils ont tout dit. Le capital nous égorge, boit notre sang, appauvrit nos vies. L'argent corrompt tout. Rendez-vous compte que nous en sommes venus à parler du commerce des hommes. Vous qui citez

Molière, que vous n'aviez-vous relu le *Misanthrope* ?

Non : vous avez beau faire et beau me raisonner,

Rien de ce que je dis ne peut me détourner :

Trop de perversité règne au siècle où nous sommes,

Et je veux me tirer du commerce des hommes.[22]

(*Je réponds*) Il y a du vrai. La publicité à chaque coin de rue est lassante et aliénante. Comme à New York, tout est ouvert mais rien n'est bon, sauf pour ceux qui ont de l'argent. Mais toute chose a son revers et avers. Vouloir interdire l'ouverture des commerces le dimanche frise de nos jours le ridicule. Un député déclara, au nom du bien public, qu'on devrait plutôt ouvrir les bibliothèques le dimanche pour que parents et enfants s'y instruisent. C'est si dégradant d'aller dans les grands magasins de bricolage et d'ameublement ! Il faudrait vérifier si notre député est un lecteur assidu. Les gens dits éclairés veulent nous prêter leurs lumières sans en posséder plus que le vulgaire. *Et que voudriez-vous, madame, que j'y fisse ?* écrirait Molière alors que l'ouverture le dimanche ou un jour férié m'offre l'occasion d'équiper ma maison et de réfléchir à la décoration. Le personnel mieux payé, les étudiants, qu'on embauche en supplément, s'en réjouissent, n'en déplaise à ces grands esprits qui *parlent du plus haut étage* au point d'en avoir le vertige, *gonflés [qu'ils sont] de l'amour d'eux-mêmes* (*Le Misanthrope*.) Comme si étude et bricolage étaient exclusifs ! Cette hauteur d'estime où ils voudraient nous hisser les empêche de respecter nos besoins, incapables d'en saisir la nouveauté et de déterrer le mérite de tous les acteurs (fabricants et intermédiaires) qui pourvoient à leur satisfaction.

- Vous vous donnez la partie facile. Et les *subprimes*, les spéculations incontrôlées, la sur-richesse de certains : pourquoi n'en dites-vous rien ? Le jeune économiste français que vous évoquez est sincère et bien documenté. – Sans contredit. Dans le contexte anglo-saxon, les thèses sur le vilain « capital » ont toutes les chances d'être chahutées et contrebalancées, mais dans le contexte français, on les croit sur parole. La misanthropie contre les lois économiques est si forte que la cause est entendue avant d'être écoutée. Quant à l'économie mondiale, la crise financière n'est ni la première, ni la dernière. À la fin du XIXe siècle, les magnats de l'industrie et de la finance faisaient la loi avant que le droit anti-trust américain en réduise les excès. À chaque époque ses crises et ses réussites, ses *overrich* et ses mécanismes correctifs, mais sans « capital » ni « capitalistes », il n'y a point d'économie qui survive. L'économie ne connaît pas les êtres anaérobies. Le capital n'est pas qu'un truc pour spéculer, mais une accumulation d'argent qu'un homme seul, le long de sa vie, ne pourrait rassembler.

- Voudrait-on créer une *start-up* (un anglicisme, comme par hasard), il vous faut des idées, du courage, une équipe … et de l'argent. Comment en trouver ? L'entrepreneur novice que vous êtes (pourquoi ne le seriez-vous pas ?) doit y mettre toutes ses économies ou celles de sa famille. Vous prenez un risque, un grand risque. Vous démissionnez de votre travail pépère, rébarbatif ou ennuyeux. Vous vous lancez dans l'aventure. On parlait de « couilles ». On ne se demande pas ici ce que l'on doit faire en faisant caca dans sa culotte. Faute de disposer d'une épargne, vous vous tournez vers des institutions financières ou des actionnaires. Tous ces apporteurs d'argent ne sont pas prêts à assumer des risques, mais certains vous accordent du crédit ou des avances. Ne pouvant tout de suite bien payer vos collaborateurs, vous leur proposez en compensation des *stock-options* qu'ils pourront revendre dans un délai éloigné. Tous les fonds recueillis devront être utilisés avec prudence et intelligence, car

Ce genre de travail [eh ! oui, c'en est un, fort exigeant] exige des qualités morales dont la réunion est peu commune. Il veut du jugement, de la constance, de la connaissance des hommes et des choses. Il s'agit d'apprécier convenablement l'importance de tel produit, le besoin qu'on en aura, les moyens de production ; il s'agit de mettre en jeu quelquefois un grand nombre d'individus ; il faut acheter ou faire acheter des matières premières, réunir des ouvriers, chercher des consommateurs, avoir un esprit d'ordre et d'économie, en un mot, le talent d'administrer. Il faut avoir une tête habituée au calcul, qui puisse comparer les frais de production avec la valeur que le produit aura lorsqu'il sera mis en vente. Dans le cours de tant d'opérations, il y a des obstacles à surmonter, des inquiétudes à vaincre, des malheurs à réparer, des expédients à inventer.[23]

Est-ce là l'activité d'un profiteur, d'un exploiteur ? Que vous retiriez du profit du risque entrepris, quoi de plus normal. Êtes-vous pour autant un de ces prédateurs qui s'accorde des primes de départ exorbitantes pour avoir su traiter à la hache le redressement d'une entreprise en gardant 1000 employés sur 10 000 ? Ce sont là des mercenaires, non des entrepreneurs. L'extrait précédent a-t-il été écrit par le diable ? Non, ce sont les propos d'un économiste que les bien-pensants (et peu agissants) exècrent. Jean-Baptiste Say fut le premier à relever le rôle du chef d'entreprise et à justifier son profit par rapport aux salaires et à l'intérêt des actionnaires. Réac ? Vampire ? Un économiste étranger qui voudrait détruire notre exception culturelle ? Non, un économiste français, un ardent révolutionnaire et résistant à Napoléon :

Passant son adolescence à Lyon, Say bénéficie par décision paternelle d'une éducation dégagée de l'influence de l'Église. Arrivé à Paris après un déménagement familial, il commence à quinze ans son apprentissage comme grouillot dans une maison de commerce. Il part à dix-neuf ans en Angleterre, afin de se former aux pratiques commerciales et à la langue anglaises. Avec enthousiasme, il y observe de près le prodigieux essor industriel qui, dès la fin du XVIIIe siècle, anime les bords de la Tamise. Il rentre à Paris deux ans plus tard, pour être embauché comme employé par Etienne Clavière, assureur de métier, lui aussi protestant et genevois d'origine. [...] Marchant dans les pas de son nouveau patron, il entre lui-même dans le groupe des girondins. Partisan actif de la Révolution, il se rapproche de Mirabeau. Cependant, il s'affirme rapidement républicain et ne cessera de l'être. Volontaire aux armées, il participe à la bataille de Valmy.

[…]

Son Traité d'économie politique [paru en 1803] fut mal accueilli par Bonaparte, premier consul, qui demanda à l'auteur de réécrire certaines parties afin d'apporter un soutien à l'économie souverainiste, pour ne pas dire l'économie de guerre, fondée sur le protectionnisme et la réglementation. Say refusa de donner satisfaction au nouveau maître du pays. Il fut contraint de quitter le Tribunat où il avait passé quatre ans à la tête de la section financière [voilà un parlementaire qui s'y connaît !] et la réimpression de son ouvrage, dont la première édition avait été rapidement épuisée, fut interdite.[24]

Et Jean Peyrelevade de conclure sa présentation : voilà *un insoumis au nom de la liberté et du parler-vrai* ! Dans sa vision de l'entrepreneur, Say annonce Schumpeter. Sans doute, le chef d'entreprise n'est-il pas seul. Il n'est ni Satan ni un *deus ex machina*. Sa créativité est le fruit d'une interaction avec des esprits et profils divers, mais il est un homme qui ne prétend pas connaître sans l'once d'une expérience. Il n'appartient pas aux *gens de mon air*, dirait Molière, qui savent tout grâce à un ou deux diplômes qui les bercent d'illusions sur leur créativité future.

Le bateau ivre

L'entrepreneur affronte le risque de perdre, et sa fortune, et sa réputation, et sa famille qui le quittera s'il échoue. Qu'importe ! Le fisc est là pour sucer ses succès, alors que le peureux, le timoré, celui qui n'ose affronter le marché, est moins lourdement fiscalisé. En France, on a le beurre des autres et l'argent des autres, mais celui qui bosse dur, week-ends compris, est peu considéré. C'est un riche ! Un parvenu ! Comme si tous les chefs d'entreprise étaient du genre à se promener à Deauville ou sur la Côte d'azur, en voiture de sport, avec de jolis *pinups*, poitrine gonflée, à leurs côtés. Je n'ai pas souvenance, dit l'un, d'avoir vu là-bas Steve Jobs.

Ah ! le capital. Comme il nous « exploite », on se doit de l'exploiter à notre tour au bénéfice de tous les assistés. Ceux qui en ont besoin (une minorité) et ceux qui en ont beaucoup moins, attendu qu'on rencontre tous les jours de faux nécessiteux (ou handicapés) frapper au guichet de la Sécurité sociale. (Je n'ai rien contre les handicapés, j'en suis un, ce qui ne m'empêche pas de travailler.) La solidarité n'a pas de borne. Il faut payer des cures, aux frais de la République française, soucieuse d'éviter de traiter ce problème comme tant d'autres. *Pas de vagues ! Il y aura des barricades*. Say valorisait la production ; nous, nous valorisons la répartition au détriment de l'activité, d'où notre déclin et disparition programmée demain…

Je suis en Bourgogne, au restaurant. Près de notre table, un apparatchik d'une région voisine affirme fièrement que Singapour envie notre système d'éducation. Aux États-Unis, ajoute-t-il, il n'y a pas de bourses d'études… Ce genre de dire me rappelle qu'à Londres un Professeur des Universités françaises déclara au petit déjeuner qu'il n'aimait pas l'Amérique. Assurément, la politique étrangère américaine ne fait pas toujours dans la dentelle. – Qu'est-ce vous faites ? – J'enseigne la littérature anglaise et américaine. Poussant plus avant la conversation, je lui demande ce qu'il n'aime pas précisément, car le pays est un continent plus diversifié que ce que l'on croit communément. - *Je n'y suis jamais allé* ! Les bras m'en tombent. Je n'ai que la force d'ajouter : si vous ne portez pas l'Amérique dans votre cœur, commencez par vous y rendre pour comprendre ce que vous enseignez. Il m'a regardé, éberlué. Sa misanthropie à l'égard de l'économie et de l'étranger (ce qui va souvent de pair) dépassait son entendement. Les touristes à Paris en savent quelque chose : nos cafés et restaurants les traitent comme des chiens, n'hésitant pas à leur servir, sans un sourire, du micro-onde à des prix élevés.[25]

Je reviens à notre « responsable » qui ne répond de rien (« un responsable » politique n'est pas comptable de ses actes. Où avez-vous vu cela ? *Accountability*, ça veut dire quoi ? Le suffrage universel blanchit nos condamnés, vous le savez bien. Fermons la parenthèse). J'écoutais notre génie local sans écouter, agacé par ses inexactitudes et ses âneries. Voyant ma moue, il crut bon de m'informer que les subventions en France pleuvent sur les entreprises nouvelles. L'étranger envie nos allocations aux industriels. (*Il but un nouveau verre de vin, fort satisfait*). Je lui fis remarquer qu'au lieu de redonner de l'argent, il suffirait d'en laisser aux entreprises en les grevant moins d'impôts. Les intéressés sauront mieux que quiconque investir pour eux-mêmes. On évitera le copinage et autres courbettes qui font avancer les dossiers.

– Comment, monsieur l'inconnu, vous doutez de la neutralité de l'État ? – L'inconnu répliqua : Ce n'est pas un doute, c'est une probabilité entre 0,5 et 1. Quand je vois comment, avant les élections, les subventions corrompent certains départements et régions, je m'interroge, mais j'ai tort. Un jour, je me rends aux Antilles avec un confrère pour plaider une affaire. Dans l'hôtel où nous descendons, je commande un cocktail de jus de fruits. Une demi-heure passe. Je rappelle poliment notre commande. Un quart d'heure passe. Nous sommes seuls. Je me manifeste à nouveau. Le « garçon » (que je n'appelle pas tel) me répond : *Monsieur, je ne suis pas à votre service. - Moi, j'y suis*, répliquais-je, *comme chacun est au service de tout le monde. La société vit ainsi.*

(*Retour à notre génie*) Vous qui en êtes en charge de l'intérêt général, croyez-vous que l'élu ou le fonctionnaire connaisse le bon critère pour accorder telle ou telle subvention ? N'ayant qu'une vue superficielle des marchés et de leur évolution, la décision publique est souvent erronée. Si l'on craint que l'intérêt public et l'intérêt privé n'empruntent pas la même direction, il faut recourir à l'incitation fiscale pour réorienter les choix des entreprises. (*Réponse supposée d'un autre génie, opérant au niveau national*) – Vous tombez bien ! N'avez-vous pas entendu du détournement du crédit d'impôt recherche, rapporté récemment par la sénatrice communiste Brigitte Gonthier-Maurin ? *Grâce à ce dispositif, de grands groupes ne paient pas d'impôt.* Les déductions d'impôt, prévues pour favoriser l'innovation, ont été dévoyées. Elles servent à l'optimisation fiscale ou à d'autres fins (emploi d'un personnel autre, etc.). (*L'inconnu réagit positivement*).

L'administration doit mieux contrôler la destination des fonds publics, mais (*ajoute-t-il*) pour éviter de tels comportements, elle doit comprendre leur pourquoi. Instituer des incitations fiscales alors que les entreprises croulent sous l'impôt, ne peut que les inciter à les utiliser pour alléger le poids des taxes. Ce rapport démontre l'effet pervers du trop d'impôt qu'on veut corriger en en maintenant la cause ! L'arroseur est arrosé par sa majorité. Le gouvernement décida, une fois de plus, de ne pas rendre public ce nouveau rapport parlementaire. Le commun des mortels y lit à travers les conséquences d'une politique désastreuse qui pousse les grandes fortunes à fuir le pays, les cadres à s'expatrier, les grands appartements et hôtels particuliers à se vider... Moins de capital, moins de talents, moins d'emplois. L'enfer – le vrai - est pavé de bonnes intentions... Les forces vives le quittent.[26]

Pire : l'enfer fiscal pousse, ceux qui restent, à la fraude. Dans *L'Esprit des lois*, Montesquieu signalait que de mauvaises lois détruisent les mœurs. Nous y voilà. Nous créons des passagers clandestins à la pelle. Chacun trouve qu'il est de son intérêt d'échapper à l'impôt spoliateur. Pourquoi mettre son argent dans la tirelire commune qui est si mal gérée ou fendue sur le côté ? Payer son dû qui devient indu conduit à fermer boutique. Ce qui ruisselle dans ce pays n'est pas la sève de la vie, mais la dépense de l'État et des collectivités locales ainsi que celle des établissements publics. Quoi ! Ne faut-il pas payer dans certaines communes, départements, régions, établissements scolaires ou hospitaliers, un personnel qui est plus en congé qu'au travail ? (Les arrêts de travail comptent naturellement dans la durée du travail). Pour qui travaille trop vite (je veux dire normalement), gare au renvoi ou à l'ostracisme ![27]

- Des exemples !

- La note précédente y renvoie. Si vous n'avez pas le temps de lire, traversez simplement, à pied ou en voiture, des villages. Vous vous demandez parfois si le métier de cantonnier n'a pas été abandonné. Pour sûr, nous ne sommes point dans un pays limitrophe où le respect de la nature rivalise avec le soin des maisons, des bois et des champs. Les herbes folles poussent partout, çà et là, parsemées de papiers, de parpaings, de bouteilles vides ou cassées... Tout est mêlé pour la plus grande joie de l'habitant et du visiteur. (Le spectacle ne diffère guère au cœur de Paris). Le tourisme n'explique pas tout. Le laisser-aller est manifeste. Dans un de ces villages, m'a-t-on dit, il y a plus d'une dizaine de cantonniers à l'ouvrage, mais l'excès de repos les condamne au lit. Rien à dire : les impôts locaux règlent leurs salaires, mais on ne peut pas tout leur reprocher : les crottes de chien dépendent, en ville, du dressage des citadins …

Prolongez votre voyage dans un ministère. Noblesse oblige : la gabegie atteint le sommet. Le nouveau Ministre ou les nouveaux Directeurs veulent des bureaux flambant neufs. On change la moquette neuve (sa seigneurie n'aime pas la couleur, ni fouler un sol souillé par son prédécesseur). À chaque fois, on refait les peintures, et on exige un mobilier digne de son rang (si certains cartels disparaissent, il faut en accuser le sens de l'État qui exige la minutie chez soi). Ce genre de valse est fréquent. Nous sommes au niveau des gros egos, qui ont moins de grandeur que de petitesse. Chacun a fait des mains et des pieds pour accéder au Prince et être nommé. Affiliations politiques, camaraderies de promotion, services rendus, non à la patrie mais au chef qu'on a aidé à monter sur l'estrade. (À l'échelon municipal, le partage du butin est le même

: sous la Mairie de droite, on fait bombance avec des vins fins et on verse à ses amis des salaires pour un travail fictif ; sous celle de gauche, on nourrit ses militants sous le dos des associations culturelles contraintes de sous-payer les professeurs de musique ou de les remercier.) Certains promus n'ont pas de bureau ? *T'en fais pas ! On te nomme préfet hors cadre ou ambassadeur. Tu peux veiller chez toi à l'ordre public ou exercer la diplomatie sans bouger.* Appartenir à un corps de l'État, ça impose. *Tu seras payé, bien payé.*

Allo ! Allo ! Certains des nominés sans affectation ont le culot de téléphoner pour avoir des primes d'activité. – Mais vous n'avez pas travaillé. - *Et alors ? J'ai le droit, non mais !* (sic).

Une bonne administration ne dépense jamais pour dépenser et s'assure que l'avantage qui doit naître pour le public d'un besoin satisfait surpasse l'étendue du sacrifice que le public a dû faire pour cela.[28] Quelle parole de sage si peu entendue ! Même l'impôt ne suit plus ; on emprunte sur les marchés internationaux pour payer les dépenses de fonctionnement. L'investissement peut attendre. De violents coups de tonnerre éclatent par instants : les taux d'intérêt montent à l'encontre des pays emprunteurs dont la situation est proche de la nôtre. Ils éclatent, mais n'éclairent pas ceux qui sont au gouvernail. Notre ministre des finances ne cesse de répéter que la situation se redresse. N'est-il pas bien portant ? Le Premier ministre bafoue sa bonne volonté de vouloir gouverner autrement en partant voir à un match de football à l'étranger. Sur ses deniers ? Non, bien sûr. En affrétant gratuitement un avion de l'État. Il n'y a que le ministre de l'économie qui a le sens des réalités et qui veut franchement redresser la barre.[30] Emmanuel Macron ne connaît pas les PME, mais il connaît la finance. C'est déjà çà. Son itinéraire rappelle celui de Georges Pompidou, banquier et normalien. Il ouvre une porte, mais les hiérarques du parti n'aiment pas les individus qui distinguent clairement les choses.

En attendant, le mal empire... Les incohérences du pouvoir politique en matière économique ne datent, ni d'aujourd'hui (avec la gauche), ni d'hier (avec la droite), mais de plusieurs siècles d'histoire. A maintes occasions, la France fut *à portée d'atteindre le haut point de prospérité où l'appellent son sol, sa position et le génie de ses habitants.* Malheureusement, *semblable à un navire voguant sans boussole et sans carte, selon le caprice des vents et la folie des pilotes, ne sachant où il part ni où il veut arriver, le pays avance au hasard parce qu'il n'y avait point dans la nation d'opinion arrêtée sur les causes de la prospérité publique.*[31]   Le navire est à la dérive, zigzagant comme un mouvement brownien. On ne voit ni capitaine ni compas.

Sur le bateau, je me vois moi-même au fond de l'eau. Je croyais vivre dans un État rationnel, - un *Léviathan*, - fort et au service de la société. Hélas, soupirait déjà le passager Rimbaud,

J'ai vu fermenter les marais énormes, nasses

Où pourrit dans les joncs tout un Léviathan.

Des écroulements d'eau au milieu des bonaces,

Et les lointains vers les gouffres cataractant !

(*Le bateau ivre*, « bonasse » = calme, en parlant de la mer)

Trois recommandations

– La critique est facile, l'art est difficile ! – Justement, voici trois recommandations pour jeter par-dessus bord ce qui leste par trop le bateau. – On ne jettera rien à bord, mais on jettera vos recommandations au panier ! – Vraisemblablement, mais le paquebot France risque autant de finir par être revendu à un ferrailleur et être démantelé. Jetons une bouteille à la mer… - Une bonne bouteille ? – Oui, suffisamment amère pour réveiller notre torpeur et sclérose !

- Quel est le message inscrit sur le morceau papier ? – Attendez, mon voisin met ses

lunettes pour essayer de le déchiffrer. Ah !
il est en français. On a des chances de le
comprendre !

(*Notre compatriote lit la missive, avant de
la laisser repartir au gré des courants*)

Pour que le pays recouvre la santé (et non
l'impôt), il faudrait au plan constitutionnel
: 1/ un fédéralisme à l'allemande ; 2/ une
réforme portant sur du mandat du
Président ; 3 /une réforme sur la liberté
d'entreprendre, esquissée trop timidement
par le Conseil constitutionnel.

Le fédéralisme à l'allemande. Attendre la
réforme annoncée et l'amender au besoin
en ce sens.

La réforme du mandat du Président aurait
pour objet de réduire le pouvoir du

Président et d'allonger son mandat de deux ans. Comme en Angleterre, le Premier ministre, responsable devant le Parlement, aurait la maîtrise de la politique étrangère et de la dissuasion nucléaire en attendant de partager ces deux compétences avec ses homologues de l'Union européenne. Le mandat du Président serait, en revanche, à nouveau de sept ans comme il fut de tradition.

Motifs :

Les Français ont l'habitude de chercher le « grand homme » qui viendrait les sauver en toute occasion. Leur confiance dans les institutions est limitée. Il conviendrait donc de réformer ces dernières pour qu'elles soient moins déficientes et permettent d'éviter les méfaits des dirigeants. [Sur le site internet de l'Élysée, on est surpris de voir le bureau du Président encombré de dossiers. On se dit que l'homme qui planche n'a pas compris sa fonction. Sa tâche n'est pas de se mêler de tout, jusqu'aux détails de l'intendance. Le pays ne lui demande pas d'avoir la tête dans les papiers, mais de représenter avec dignité la France dans ses constantes. La représenter au dehors, et au dedans, et se la représenter en son for intérieur].

La réforme, visant à libérer la liberté d'entreprendre, devrait avoir pour conséquence d'amaigrir le trop d'État au bénéfice de l'épanouissement des citoyens au plan économique. Les expériences étrangères (Suède, Canada, Nouvelle-Zélande, …) ont montré la voie. Les motifs de la réforme et son énoncé sont fort bien exposés dans le livre de Jean-Pierre Peyrelevade sur *La névrose française*. L'auteur propose d'introduire dans la Constitution un chapitre consacré à la liberté d'entreprendre, étant donné son importance. En voici les articles 1 et 5 :

Article 1.   La liberté d'entreprendre est l'un des droits de l'homme. Tout citoyen peut se livrer à l'activité de son choix. [...]

Article 5.   La loi apporte à la liberté d'entreprendre et à la liberté contractuelle des limitations justifiées par des exigences constitutionnelles ou des motifs d'intérêt général. Les limitations doivent rester en proportion des objectifs poursuivis.

Annexes

Des anecdotes significatives ne sauraient remplacer une analyse conceptuelle, et celle-ci ne saurait être bien établie sans le recours à la géométrie. Les Français ont des champions en mathématiques, comme l'atteste le nombre de médailles Field, mais la gouvernance de leur pays semble ignorer qu'en topologie un intervalle ouvert]a,b[est plus stable qu'un intervalle fermé [a,b] aux extrémités a et b inclus. Au voisinage de telles extrémités, tout risque de basculer alors que dans l'intervalle ouvert, la fin de la prospérité n'est pas menacée (l'extrémité a ou b est à l'infini ;

en principe, on ne l'atteint jamais, dût-on devenir de plus en plus petit).

La voie de la stabilité (et prospérité)

[————————]
a   b

[————————]
a   b

L'intervalle ouvert]a,b[est la même chose que ℝ tout entier (ℝ = ensemble des nombres réels). ℝ est contracté en]a,b[par changement d'échelle. Aussi proche que je suis par exemple de b, je peux encore me déplacer dans toutes les directions (à droite et à gauche sur une droite). Je n'atteins jamais a ou b qui n'appartiennent pas à l'intervalle ouvert]a,b[, comme la température ne descendra jamais au-dessous du zéro dit absolu (-273,15° Celsius). Le « zéro absolu » joue le rôle de - ∞.

Voici d'autres figures à caractère qualitatif mettant en lumière, a contrario, les raisons pour lesquelles la France n'atteint pas *le haut point de prospérité* pour reprendre l'expression de Jean-Baptiste Say. Cette expression renvoie moins à la richesse globale ou par tête d'habitant qu'au sentiment d'un gâchis, d'une déception. Comme si le visage de la France n'avait, du point de vue économique, que des joues creuses, un teint pâle, des yeux fatigués et des cernes ! La France est loin d'être un pays très pauvre, mais elle est loin également d'être au mieux de sa forme parmi les nations qui comptent. Quelles sont donc les causes qui empêchent de respirer la bonne forme, d'avoir les joues rouges, les yeux pétillants et le sourire aux lèvres !

Annexe 1 : Haut point de prospérité c/ centralisme à la française

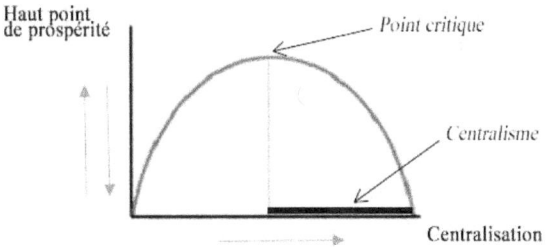

Nous parlons de « point critique » pour désigner le maximum de la fonction en $-ax^2$. Il s'agit du point critique de la fonction dont la représentation graphique est une parabole. (Lorsque le paramètre a est négatif, l'ouverture de la parabole est vers le bas.) En ce point, la dérivée s'annule (= tangente horizontale). Il serait exagéré de parler proprement ici de « singularité ». Quant aux axes, il va sans dire que les échelles qui permettent d'en évaluer la progression sont qualitatives. Il n'y a pas de mesure objective. Comment pourrait-on comparer, par ex sur l'axe de la centralisation, ce qui est avant et après le point critique ? Il n'est pas sûr que les degrés du centralisme soient les mêmes que ceux de la période qui le précède.

La fig. supra a une allure parabolique. D'aucuns s'exclameront : - mais c'est une courbe à la Laffer, qui décrit l'évolution des recettes fiscales en fonction du taux d'imposition global ! – Il y a de cela, mais l'idée de Laffer précède l'énoncé fort clair de Laffer… On la trouve chez J.-B. Say (tiens !), chez Ludwig von Mises et…. John Maynard Keynes. - ??? - Comment non ?

J.-B. Say

Lorsqu'il est poussé trop loin, l'impôt produit le déplorable effet de priver le contribuable de sa richesse sans en enrichir le gouvernement si l'on considère que le revenu de chaque contribuable offre toujours la mesure et la borne de sa consommation. […]
Un impôt exagéré détruit la base sur laquelle il porte.

L. von Mises

Plus les impôts augmentent, plus ils sapent l'économie de marché et, parallèlement, le système fiscal lui-même. […]

> Chaque impôt, considéré en lui-même, et de même l'ensemble du système fiscal d'un pays, se détruit lui-même en dépassant un certain niveau des taux de prélèvement.

J. M. Keynes

Nor should the argument seem strange that taxation may be so high as to defeat its object,

and that, given sufficient time to gather the fruits,

a reduction of taxation will run a better chance than an increase of balancing the budget.

Il vaut de noter que nos trois économistes ont baigné dans la vie des affaires, d'où leur scepticisme à l'égard des prélèvements fiscaux dont la ponction devient excessive. Nos auteurs formulent un paradoxe : *trop d'impôt tue l'impôt*. La relation entre la centralisation de l'État et sa prospérité généralise cet adage. Dans une première phase, la centralisation produit de bons effets : élargissement des marchés, unification des poids et mesures, monnaie commune, économies d'échelle, meilleure coordination de l'administration, etc., mais, au-delà d'un point critique, la centralisation tue l'initiative, la liberté d'entreprendre et la production des richesses.

Même le droit à l'information est sous clé. Voyez le contrôle partiel de la télévision sous de Gaulle. Depuis, rien sur le fond et la forme n'a changé. Les chaînes populaires demeurent sous l'influence du Palais. Les journalistes n'osent point *cross-examiner* le Président et sa suite de peur de se faire renvoyer. On lui demande comment va son chien ou s'il mange bien. Surtout, on ne revient pas à la charge ! Les faits demeurent noyés dans des commentaires peu fondés. La tendance générale reste d'enfumer le public par incompétence ou flagornerie. Il faut en France regarder la BBC internationale ou la télévision allemande pour être au courant, mais, ouf ! les Français ne sont pas forts en langue. Le pouvoir est sauvé. On ne peut le contourner !

Plus l'État devient omniprésent, … plus son envie d'intervenir s'aiguise. Le fonctionnaire finit par bloquer tout. Le statut de la fonction publique le protège nonobstant ses dérives. L'énarchie truste d'entrée les postes et bloque toute promotion interne qui n'est pas du sérail. Les syndicats des administrations et entreprises publiques se drapent dans l'intérêt général pour obtenir des avantages exorbitants du droit commun. Pour préserver leurs rentes, ils n'hésitent pas à paralyser le pays par des grèves à répétition. Advient-il un grave accident par négligence dans une société de transport nationalisée, on entend crier : *Ce n'est pas nous, c'est le manque de moyens*. Les familles sont ravies d'apprendre qu'elles n'ont que leurs larmes pour pleurer.

- Vous voulez dire que les hauts fonctionnaires, les agents publics et les syndicats des moins gradés, se comportent comme si l'État leur appartenait ?

- Posséder, voilà le but, la fin des gens dans la place. La République devient chose privée pour ceux qui sont censés la servir. À l'étranger, dans le cadre d'une mission, je prends l'air dans les jardins de la résidence de l'ambassadeur. Tout à coup, l'épouse du n°1 ou 2 (comme on dit dans le jargon) m'interpelle : - *Qui êtes-vous, monsieur, pour avoir le droit d'être ici ?* (Imaginez le ton d'une péteuse qui s'approprie le bien public). – *Je me promène dans ces jardins dont l'inviolabilité profite à la représentation française. Et vous ? Qui êtes-vous pour me parler ainsi ?* (J'allais dire, citoyenne, par humour, mais je me suis retenu. L'appellation aurait été trop insultante pour cette bourge d'État qui avait l'air aussi bête que ses pieds en jouant la propriétaire des lieux comme une concierge.) L'État ne peut être le pré carré des fonctionnaires qui tiennent à y loger pour l'éternité. Le droit de propriété ne doit être réservé qu'à la société, mais, même en dehors de l'État, les barrières à l'entrée ne sauraient être tolérées. Un droit de la concurrence, dûment constitué, doit empêcher une, deux ou trois entreprises de posséder de fait le marché où elles opèrent. Les abus de position dominante et les pratiques restrictives imposent aux concurrents, aux sous-traitants, aux fournisseurs, des contraintes insup-portables (v. les grandes surfaces écrasant les petits producteurs de qualité).

- En résumé ?

- A partir d'un point x, les bénéfices de la centralisation fondent. Le centralisme s'installe. L'État, ses agents et les corporations qui les défendent constituent un pouvoir de nuisance sans précédent qui ne cesse de s'étendre. Exaspérés, les meilleurs partent. La nation se vide.

- Votre conclusion mène à l'anti-patriotisme ! Vous vous targuez de science, mais vous êtes en plein conjecture ! Où se situe donc, dans votre courbe, exactement le point d'inversion ? Sans quantification, comment peut-on, à partir d'un seuil ou plafond indéfini, mener une autre politique qui rectifie le tir qui entraîne trop de charges pour les particuliers et les entreprises ? Êtes-vous sûr que votre tracé ne comporte qu'un maximum, et non plusieurs ? N'y-a-t-il pas dans l'histoire de la centralisation française des hauts et des bas ? Enfin, est-il raisonnable de représenter l'histoire si riche de notre pays par une courbe parabolique aussi simpliste ? Une telle courbe n'existerait pas plus en économie que n'existerait la main invisible d'Adam Smith !

- Peut-être. À vous de vérifier et d'avoir le plaisir de descendre ce qui n'est qu'un point de vue. C'est la loi du genre, mais je crains pour vous que l'idée essentielle, qui relève d'un bon sens mal partagé, ne demeure : passée un certain niveau, la centralisation produit la désertification, non seulement du territoire, mais de toutes les activités. Elle produit la rage (les révoltes fiscales), le découragement et pousse au départ. Plus rien n'est stable, à l'instar des lois fiscales, qui peuvent être rétroactives, alors que d'aucuns se piquent d'avoir un droit qui favoriserait la prévisibilité mieux que n'en afficherait la *common law* trop subtile et incertaine.

- Mais un graphique ne peut être toute l'explication ! Il faut en dire plus. – Oui-da ! *See infra*.

Annexe 2 : Les facteurs de production de l'erreur économique française

- Vous avez raison. Une analyse aussi sommaire affaiblit ma démonstration, mais mes petites histoires vraies amenaient déjà à penser que le centralisme est une cause parmi d'autres. Comment ne pas tenir compte en France d'une séparation des pouvoirs déficiente ? Comment ne pas être frappé par la force des idées abolissant toute sensibilisation aux faits négatifs ?

En Angleterre, j'ai suivi un cours sur *qu'est-ce qu'un fait ?* On m'invitait à cerner clairement et distinctement un fait et non une idée claire et distincte comme en France où j'ai suivi des conférences sur l'histoire des idées politiques et économiques. J'ai dû apprendre à faire des dissertations où la synthèse et la cohérence doivent primer sur le reste. Qu'importe si les données du dossier ne sont pas bien établies ! Les épreuves du barreau de Londres sont truffées de pièges. On veut voir comment vous vous rattrapez en glissant sur une banane. Oups ! mais je m'en sors. C'était *tricky* ! Ici, chacun préfère le beau même s'il est faux. D'où l'indulgence pour des discours délirants sur la société, le monde ... et la mission de la France !

L'apriorisme gangrène la France. Ce qui est en cause n'est pas que le contenu du droit mais son exercice. Les justiciables se présentent devant des juges qui n'ont acquis au préalable aucune expérience d'avocat. Il est inutile d'avoir appris à entendre moins un client qu'un patient avec ses peines, ses frustrations et ses angoisses ! Au sein de l'administration, il est tragique de voir de jeunes fonctionnaires, sortis tout droit d'une école, donner des « instructions » à des gens d'expérience. Peu ont mis la main dans le cambouis. La plupart n'ont connu que le tableau noir, ayant fait tout au plus un stage dans une sous-préfecture ou une ambassade. – Dans une entreprise ? au plus bas échelon ? Je ne voudrais pas de ce goujon ! Ce qui compte dans notre formation, ce sont les allocutions et déclarations bien tournées. – Sur le plan des principes, vous êtes bon. Chaque fois que vous faites un discours ou concluez un colloque, vous savez faire, mais à l'étranger, où vous devez négocier, on apprend davantage, à partir de petits dossiers, à soulever des exceptions et des dérogations. Les avocats américains, qui *strike a deal* à l'international, sont autrement plus redoutables…

- Comment un avocat, dût-il être d'une autre tradition, peut-il critiquer autant le droit ? – Le propre de l'avocature est d'être irrespectueux des règles pour éviter qu'elles s'appliquent mal.

- Soit ! mais ce que vous dénoncez n'est pas propre à la France. Au-dessus de la société règne partout une clique exaltée par le goût du pouvoir et agissant, la plupart du temps, en aveugle. Flattés par leur entourage, leurs *spin doctors*, leur épouse ou maîtresse, ces officiants ne sont plus stimulés. Ils ont perdu le contact avec la réalité. On leur mâche tout. Au plus, ils peuvent comprendre, mais ils ne peuvent plus réfléchir par eux-mêmes. Ils ont perdu leur énergie de départ. Leur imagination s'est épuisée à conquérir le pouvoir. Ils n'en ont plus pour l'exercer.

- Je suis d'accord, mais la tendance est marquée en France. Le pouvoir exécutif est excessif comparativement aux autres pouvoirs exécutifs des autres démocraties. Le pouvoir judiciaire peine à s'affirmer et les parlementaires ne contrôlent guère les choses à part grogner et s'insulter. Au sommet de l'État, ce n'est pas seulement un clan, des grandes familles, mais une caste diplômée quasi-héréditaire qui se croît plus douée que la moyenne (on connaît les résultats). Plus le pouvoir est concentré, plus les idées sont creuses et générales. « On est des grosses têtes » et on acquiert vite la grosse tête en oubliant que le monde est plus compliqué.

Oui, ils ne sentent plus, la tête leur gonfle, leur moi devient démesuré, entend-on dire. Ils pissent plus haut que leur cul, n'ayant pas les moyens de régler efficacement les situations par mépris de l'expérience et de l'expérimentation. Les idées a priori occupent, seules, leur esprit.

Arthur Rimbaud parlait de *bateau ivre*. Le goût des idées et des idéologies donne des vapeurs, mêlant ses effluves à celles d'une centralisation excessive et d'une séparation des pouvoirs en perte ou en mal d'équilibre :

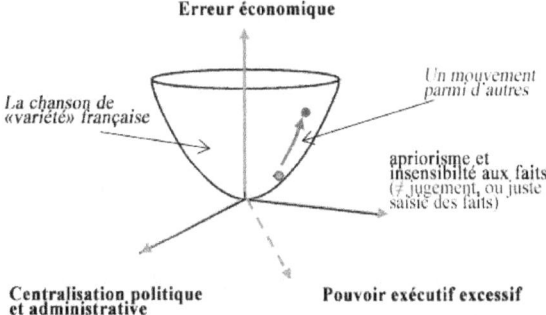

Un mathématicien professionnel serait gêné par cette figure qui représente un espace de plus de trois dimensions. Il aurait l'impression qu'il y a plusieurs axes horizontaux comme si l'un dépendait des autres alors que les variables sont supposées indépendantes. Il aurait aimé que l'on représente par ex. un des paramètres par une couleur variant comme un arc-en-ciel. Comme nous n'avons pas les outils pour corriger la chose, nous avons dessiné un paramètre en pointillé, dirigé davantage vers le bas, pour que la figure soit plus cohérente géométriquement. – Mais vous trichez, vous aussi ! – Oui, pour la vérité !

Par « variété », il faut entendre un espace abstrait de dimensions variables. Une ligne est une variété à 1 dimension, une surface (plan, sphère, ...), une variété à 2 dimensions. Notre espace ordinaire (l'espace euclidien) une variété à 3 dimensions, etc. La « variété » représentée est une variété à 4 dimensions (une « 4-variété »). Elle est continue : on peut y suivre un chemin de l'erreur, connectant différents points, mais elle aurait pu être discrète si on y avait plaqué une grille ou un graphe. Il nous déplaît de voir dans la figure supra la « 4-variété » française.

Chaque point mesure l'erreur économique résultant d'une combinaison des trois variables (les « paramètres »), l'une prenant plus de poids que l'autre selon la localisation du point. Au fil des âges, la variété prend de l'embonpoint et l'erreur de la hauteur. Mathématiquement, on s'est déplacé vers le haut d'un point à un autre, dans la direction opposée au gradient de la vérité (*gradient d'une fonction f* = vecteur dont les coordonnées sont les dérivées partielles de la fonction. Ce vecteur indique la direction et le sens de la croissance de la fonction f)[34]. On a perdu de vue le cap, le jugement, la bonne description de ce que l'on voit. On ne nage plus que dans le raisonnement, la démonstration, la justification, mais on est sous l'eau. Les intérêts des politiques (et des fonctionnaires qui le deviennent) offusquent l'art de saisir, parmi les données, ce qui convient. Ils voient de travers, favorisant les aspects du réel qui les arrangent. Commettent-ils des erreurs ? Ils préfèrent ne pas les reconnaître que de passer pour des idiots.

Dans ses *Leçons sur l'unité et la civilisation françaises*, l'historien Yves Renouard n'hésitait pas à relier l'action des hommes qui a conduit à la centralisation et à ses effets : à savoir, l'abstraction et la logique, en y ajoutant presque autant le sens de la mesure et l'élégance. C'est beaucoup nous accorder, mais pourquoi pas, tant que la centralisation, reconnaît l'auteur, ne *pompe* pas (sic) une bonne part *de la substance de la France*. Gare au point critique où se rassemblent l'excès de la centralisation, le cumul du pouvoir et le délire de la cohérence !

Les Français ne suivent les hommes politiques que s'ils leur donnent une explication, bonne ou mauvaise, de leur conduite ; les journalistes ont tendance à généraliser à partir d'un fait ; les professeurs enseignent dans des lycées, placés hors du temps, couvents ou casernes désaffectés où les idées abstraites volent et se posent d'elles-mêmes sur des vitres toujours fermées. [...] On a chassé des lycées tout ce qui rappelle la nature, le concret ; les salles portent plus des numéros que des noms individuels. [...] C'étaient des idées, des concepts que nous venions chercher au lycée, des révélations sur notre structure. Le jeune Français à quinze ans disserte avec compétence [hum...] sur les passions de l'homme sans les avoir toutes éprouvées lui-même, au moins espérons-le. [...]

Les Français ont, en 1945, réalisé dans leur Constitution [la IVe République] un de leurs rêves principaux : la représentation des idées au Parlement [avec le scrutin de liste qui avantage les partis]. [...]

Le principe de non contradiction a autant d'importance pour lui que le principe de causalité. Il a par essence horreur de la contradiction qui lui paraît la plus grave, la plus irrémissible des fautes intellectuelles. [...]

Dans les campagnes électorales, même mineures, l'accent test toujours mis sur les grandes idées abstraites, la justice, la démocratie, la liberté, le droit, dont les noms s'étalent en lettres noires. C'est ce qui compte avant tout. Les faits concrets, les calculs des incidences budgétaires, les réformes que l'on propose, tout cela passe à l'arrière-plan et quand il s'agit d'une simple campagne pour élection municipale où les problèmes sont ceux de la plantation d'arbres ou de la construction de bâtiments municipaux, tout le monde regrette que ce ne soit pas sérieux : ce sont des sujets peu nobles, bons pour clochemerle et l'on trouve, même dans les plus petites communes, moyen de rattacher ces humbles problèmes aux grandes idées et aux immortels principes.[35]

On conçoit qu'avec un tel fond culturel, les préoccupations de l'économie passent au second plan. Quant au sens de la mesure, l'auteur a raison de rappeler *les maximes des moralistes français qui soulignaient la nécessité de la mesure* en observant le comportement de la Cour et du Roi *Louis le Grand*. Les proverbes, condamnant les attitudes excessives, continuent de nous sonner aux oreilles : *Qui ne risque rien, n'a rien*, ou *On perd tout en voulant trop gagner*, mais ces dictions n'empêchent pas la majorité d'admirer ceux qui ont ruiné leur nation (Louis XIV ou Napoléon, qui n'ont pas su, eux aussi, s'arrêter à temps. S'ils avaient pu mourir avant !).

Le sens de la mesure, poursuit Yves Renouard, est le sens de *l'équilibre qui provient de la compensation de toutes les tendances qui se développent exagérément par un contrepoids.* Ah, si on pouvait rétablir la mesure, en laissant libres l'initiative et l'audace en économie au lieu de *réduire tout le monde sur le même modèle* ! Quel boulot en perspective, car, malheureusement, *l'esprit de mesure rejoint en France la passion égalitaire.* L'égalitarisme va de pair avec le centralisme, comme l'avait relevé Tocqueville, hélas trop peu écouté (on est plus sensible à ses analyses à l'étranger). Diantre ! Peut-on se féliciter d'être *une civilisation de gens de « juste milieu »* si le milieu n'est qu'une moyenne arithmétique et non un optimum enveloppant les extrêmes ? La cuisine française (ce qui en survit, parmi la *junk-food* qui s'étale partout) sait encore allier le sens de la matière et celui de la forme. Une belle assiette naît de leur rencontre. *Un objet de chez nous, si simple soit-il, a toujours quelque chose de fier, de coquet, de fini, de dégagé dans l'allure. Il n'a pas l'air terne,*

« mastoc », bassement utilitaire ; c'est notre marque. Sa présentation, si légère soit-elle, intègre le concret. Le sens de la ligne, la sveltesse des formes, dominent la mode française qui n'oublie ni les couleurs ni la chair ! La silhouette ne gomme pas à l'excès la sexualité par des délires abstraits. Il y a du goût, mais nous sommes dans des secteurs affranchis de la tutelle administrative et du poids de l'État.

Il y a des exemples dans le passé : au temps des cathédrales, où leur construction et leur élégance témoignaient encore d'une autonomie urbaine dont les aspirations pouvaient s'élever.

Annexe 3 : L'effet espéré des recommandations

On peut rêver : imaginer une évolution où les trois dimensions retenues (centralisme politico- administratif, pouvoir exécutif excessif, apriorisme et négation des faits) se raccourciraient comme une peau de chagrin au point de devenir nulles ! On ne descendrait pas seulement d'un point à l'autre dans la direction du gradient (le vecteur qui représente le gradient présente une pente ; plus la pente est forte, plus le gradient est fort ; moins la pente est forte, plus le gradient est faible). La surface entière s'aplatirait comme un ballon qui se dégonfle. Tous les points se fondraient en 0, le minimum global. L'erreur économique serait réduite au plus bas.

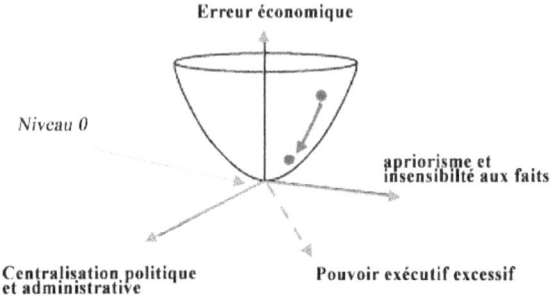

Voilà une manière de retrouver l'intervalle ouvert et la route vers la prospérité (et non vers la servitude, prévenait Hayek). Mais attention : on ne sait pas dans un ouvert où est l'extrémité. Elle existe peut-être mais on ignore où, alors qu'il est plus facile de la localiser dans un fermé … L'appel du large réserve toujours des surprises, un grain en mer, mais pourquoi pas ? Mieux veut s'ébattre au grand air que mourir, en cale, à petit feu, … avant de disparaître sur terre !

- Que voulez-vous dire enfin !

- Entre $]-1, +1[$, vous voguez dans un espace ouvert des deux côtés, sans la moindre difficulté en vue, mais si vous êtes une fonction du type $1/x$, vous risquez de rencontrer une singularité en 0. Plus la valeur de x se rapproche de 0, plus la valeur de y explose vers des valeurs de plus en plus grandes ou petites. Ah ! la vie n'est pas facile. Vous naviguez sur une surface ouverte. Il ne semble plus y avoir de singularité, mais rien n'est encore sûr. Le comportement de la fonction $z = f(x,y)$ que vous représentez demeure problématique : si x et y restent bornés, z peut être un pôle tendant vers l'infini. Diable, le vent s'élève. Ohé, matelot, il faut adapter la voilure si on ne veut pas que le bateau s'évanouisse dans l'abîme !

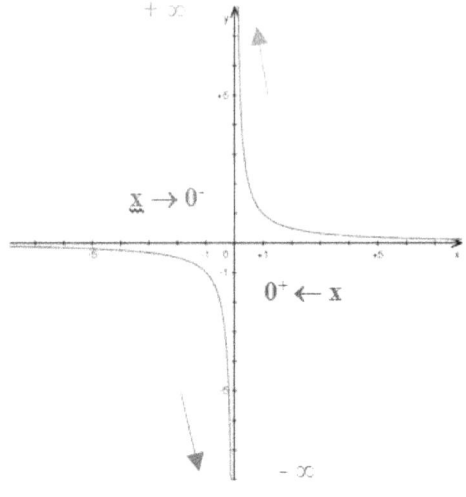

- (*Toujours irrité*) Mais pourquoi tout ce baratin en maths ? Quoi ? une hyperbole, c'est ça ?

– La géométrie ne permet pas seulement de représenter les choses qui semblent, à première vue, confuses. À travers elle, on comprend qu'une discipline, élaborée plus que tout autre a priori, n'exclut nullement l'inattendu … Elle décrit les trajectoires d'une voix douce et précise. L'État, qui parle haut et fort, et qui moins de titre à tenir un discours axiomatique, devrait s'en inspirer pour ne pas sombrer en coulant l'économie. Un vieux loup de la mer s'en tirera.

Notes

1 **Molière**, *Tartuffe* [1664], Acte I, scène 5. L'intérêt du Ciel est tout ce qui le pousse (Acte I, sc.1).

2 **Molière**, *Dom Juan* [1665], Acte V, scène 2.

3 **Molière**, *Premier Placet au Roi sur la comédie de Tartuffe* [juin 1669]. *Placet* signifie *il me plaît, il me semble bon* en latin. *Demande écrite, concise, qui était faite pour obtenir une grâce, une faveur.* (Dictionnaire Larousse). Louis XIV, qui avait applaudi la pièce à Versailles, dut se résoudre à interdire à Molière d'en donner des représentations publiques. L'Église et les dévots accusaient Molière d'impiété et lui reprochaient de donner une mauvaise image de la dévotion et des croyants. D'où le Placet de Molière qui sera suivi d'un

second. La pièce fut finalement autorisée à être jouée en 1669. Molière écrira un troisième Placet élogieux et triomphateur. V. Club français du livre, Théâtre classique, Molière, Paris, 1959, pp.503-508.

4 **Molière**, *Préface au Tartuffe*, Club français du livre, pp.495-501.

5 **The Economist**, *France's chance*, 12 April 2007, et l'article intérieur : *After a quarter-centry of drift Niclas Sarkosy offers the best hope of reform,*; V. aussi **Hugh Schofield**, *They are two small men in a hurry, who each believes in his personal destiny to drag France out of chaos and decline*, on BBC One-minute World news, 15 January 2009.

6 Il s'agit de l'affaire Jacques Méhéas, sénateur-maire de Neuilly-sur-Marne. L'élu avait été condamné en 2004. Portant l'affaire en appel, monsieur le maire avait affrété plusieurs cars de la commune pour soutenir sa cause personnelle devant la cour d'appel de Paris. Celle-ci confirma en 2009 le jugement, convertissant seulement la peine de prison en amende. L'arrêt, dès cette époque, était exécutoire, nonobstant le pourvoi en cassation formé par l'appelant. La Cour rejeta le pourvoi en 2010. Il a fallu attendre qu'éclate qu'une autre affaire d'agression sexuelle - l'arrestation de Strauss-Kahn à New York - pour

que le parti socialiste se décide à exclure l'indélicat.

7 **Alfred de Musset**, *La confession d'un enfant du siècle* [1836], Ve partie, chap.1, Paris, Garnier, 1968, p.237.

8 **Le Point**, *Argent des syndicats : l'intégralité du Rapport Perruchot*, 17 fév. 2012. Le Point.fr met en ligne le rapport.http://www.lepoint.fr/economie/argent-des-syndicats-le-rapport-interdit-16-0220121431943_28.php.

9 **Libération**, *Le rapport sur les syndicats mis au pilon*, 9 décembre 2011. *Selon un chiffre extrait du Rapport mentionné par le* Figaro *Magazine (bénéficiant de fuites quelques jours avant enterrement du rapport), l'État rémunérerait 17 000 fonctionnaires détachés à temps plein dans les organisations syndicales.* (*ibid*).

10 **Le Parisien**, *Rapport parlementaire enterré :* « *Un déni de démocratie* », 13 déc. 2011.

11 *Ibid*.

12 **Molière**, *Tartuffe*, Acte III, sc.2.

13 **Jean Peyrelevade**, *Histoire d'une névrose. La France et son économie*, Paris, Albin Michel,

2014, p.70. La citation est tirée d'un discours au Conseil du commerce, 3 août 1664.

14 **N.A.M. Rodgers**, *Nelson and Napoleon*, edit. by M. Lincoln, London, National Maritime Museum, 2005, p.6.

15 **Jean-Baptiste Say**, *Traité d'économie politique* [1803], Paris, FB éditions, Liv. I, chap.15, p.96 (édit. de 1841).

16 **Yves Renouard**, *Les villes d'Italie de la fin du Xe siècle au début du XIVe siècle*, Paris, Société d'édition d'enseignement supérieur, 1969 ; **Fernand Braudel**, *La dynamique du capitalisme*, Paris, Flammarion, 2014.

17 **J.-B. Say**, *Traité d'économie politique*, Discours préliminaire, p.13.

18 **Richard Feynman**, Prix Nobel de physique, *Vous y comprenez quelque chose, monsieur Feynman ?* Paris, édit. Odile Jacob, 1998.

19 Petite précision du **Parisien** du 21 sept. 2015 pour ne pas croire que tous les salariés des entreprises publiques soient logés à la même enseigne. Dans certaines de ces entreprises, on défend les droits des bons Français, pas ceux des travailleurs nord-africains qu'on est allé chercher. « *Les salaires des cheminots français progressaient tous les ans, pas le mien, poursuit*

M. Mohamed Aarab, ancien contractuel marocain de la SNCF. Le plus dur, c'est que je formais les cheminots qui passaient au-dessus de moi. On me répétait qu'il fallait être français pour être au statut. Et quand j'ai été naturalisé, la SNCF m'a dit que j'étais trop vieux. » Et le Parisien d'ajouter : « *Mais pour cet agent contractuel de la SNCF, la plus grosse claque va intervenir au moment de la retraite. « Je vais toucher trois fois moins qu'un cheminot au statut. Soit 874€ contre 2379€, alors qu'on aura travaillé le même nombre d'années ». Dans cette affaire, les syndicats [sauf un, qui n'est pas majoritaire] ont brillé pour leur absence*».

20 **J.-B. Say**, *Traité d'économie politique*, Discours préliminaire, p.20.

21 *Ibid.*, p.30.

22 **Molière**, *Le misanthrope* [1666], Acte V, sc.1.

23 **J.-B. Say**, *Traité d'économie politique*, Liv. II, chap.6, §3, p.259.

24 **J. Peyrelevade**, *Histoire d'une névrose. La France et son économie*, op. cit., pp.97-98. *Etienne Clavière devait être un peu plus tard (1792) nommé ministre des Finances dans un gouvernement girondin. Mis en accusation par les montagnards en 1793, il se suicida pour échapper à la guillotine. Comme si, en France, la double*

qualité de huguenot et de girondin prédisposait à comprendre l'économie et à se voir couper le cou... (ibid.)

25 On progresse. *Selon un dernier bilan de la Direction générale des entreprises (DGE), moins de 10% des établissements de restauration commerciale indépendante indiqueraient aujourd'hui la mention « fait maison »* (Sud-Ouest.fr, 07/04/2015).

26 **Le Parisien**, 10 août 2015, « *Crédit impôt recherche : le grand détournement* » p. 7 ; «*De plus en plus d'exilés fiscaux*», 8 août 2015, p.7

27 **Zoé Shepard**, *Absolument dé-bor-dée ! Le paradoxe du fonctionnaire. Comment faire les 35 heure... en un mois*, Paris, Albin Michel, 2010 ; **Jérôme Morin**, *On ne réveille pas un fonctionnaire qui dort*, Paris, L'Archipel,2014.

28 **J.-B. Say**, *Traité d'économie politique*, Liv. III, chap.7, p.335.

29 *The French pay more tax than almost anybody, the economy is in the dumps and attitudes are shifting against abuses, yet they remain remarkly tolerant of the privileges of the governing caste.* (Charles Bremmer, The Times, 9 June 2015). *The Socialist party has been hit by a number of corruption and spending scandals since taking*

power in 2012.A former budget minister was forced to quit after being found to have stashed millions of euros in a Swiss account and a senior presidential advisor had to step aside after being accused of conflict of interest and overspending, including spending a small fortune to keep his shoes shined. (**The Guardian**, 9 June 2015).

30 *La gauche a pu croire à un moment, il y a longtemps, que la politique se faisait contre les entreprises, ou au moins sans elles. [...] Que la France pourrait aller mieux en travaillant moins. C'était des fausses idées.* (Emmanuel Macron. Le Figaro, 30 août 2015, p.2.

31 **J.-B. Say**, *Traité d'économie politique*, Discours préliminaire, p.31.

32 *Ibid.*, Liv. III, chap.9, p.358.

33 **Ludwig von Mises**, *L'action humaine* [1949] ; **John Maynard Keynes**, *The Means to Prosperity* [1933], in Mathieu Mucherie, La courbe de Laffer, http://www.melchior.fr/La-courbe-de-Laffer.3911.0.html.

34 Soit f une fonction de trois variables x, y, z. La variation de f, que l'on écrit *df*, a pour expression : $df = \partial f/\partial x\, dx$ (dérivée partielle de f par rapport à x) + $\partial f/\partial y\, dy$ (dérivée partielle de f par rapport à y) + $\partial f/\partial z\, dz$ (dérivée partielle de f par rapport à z). *df*

est appelée la différentielle de f. Elle représente la variation de f lorsque l'on passe du point $M(x,y,z)$ au point M' $(x+dx,$ $y+dy,$ $z+dz)$. Le vecteur $\mathbf{dM}$ = $\mathbf{MM'}$ correspond à ce déplacement.

35 **Yves Renouard**, *Leçons sur l'unité et la civilisation françaises* [1936 et 1948], édit Confluences, Sciences Po Bordeaux, 2008, p.64, 67, 76-81. *Clochemerle* = différend futile.

L'auteur

Alain Laraby est consultant et administrateur de société à l'étranger dans le domaine de la distribution d'énergie.

Pendant près de cinq ans, il fut en charge des dossiers de justice internationale et transitionnelle au sein du Centre d'Analyse, de Prévision et de Stratégie du Quai d'Orsay. Dans ce cadre, il rédigea des Lignes directrices pour le Ministère des Affaires étrangères sur la justice transitionnelle dans le monde. Il entreprit diverses missions à l'étranger, notamment en Afrique du Sud, en Angola, au Cameroun, au Kenya et au Canada.

Alain Laraby fut membre du groupe francophone dans le cadre du projet de l'Académie diplomatique internationale (ADI), intitulé « Law & diplomacy », en association avec l'American Bar Association et les autorités suisses. Ce groupe prit part aux travaux de la Task force qui avait pour objet de faire des recommandations pour mieux articuler les questions de justice internationale (notamment celles soulevées par la Cour pénale internationale) et les institutions politiques internationales (en particulier le Conseil de sécurité).

Avant d'être diplomate, il fut avocat à la Cour de Paris et solicitor à Londres (membre de la Law Society). Son domaine d'intervention fut l'anti-trust communautaire dans lequel il fut amené à négocier avec la Commission européenne. Il fut également Expert visitor pour diverses organisations internationales effectuant, des missions et formations, dans le domaine de la négociation contractuelle, de hauts fonctionnaires, juristes et hommes d'affaires, en particulier en Europe, en

Afrique (RDC, Burkina Faso, Sénégal) et au Moyen-Orient (Liban).

Accredited mediator au *Chartered Institute of Arbitrators* à Londres, Alain Laraby enseigne la négociation, le lobbying et la médiation à la lumière de la théorie des jeux dans diverses institutions, françaises et étrangères, dont Sciences Po Paris dans le cadre de la formation continue

Il écrit dans diverses revues littéraires, politiques et philosophiques. En raison de sa formation scientifique, il collabore également à diverses institutions (Institut Henri Poincaré) et revues mathématiques (*Quadrature*, *La Jaune et la Rouge* de l'École Polytechnique).

UP' Éditions

Dans la même collection :

Gérard Ayache, *Créative Politique ! Vers une politique post-héroïque*, 2014

Alain Laraby, *Le facteur de production invisible*, 2015

www.up-magazine.info